AQUECIMENTO GLOBAL & CRISE AMBIENTAL

AQUECIMENTO GLOBAL & CRISE AMBIENTAL

CLAUDIO BLANC

São Paulo
2012

© Claudio Blanc, 2011

1ª Edição, Editora Gaia, São Paulo 2012

Diretor Editorial
Jefferson L. Alves

Diretor de Marketing
Richard A. Alves

Gerente de Produção
Flávio Samuel

Coordenadora Editorial
Arlete Zebber

Preparação
Ana Carolina Ribeiro

Revisão
Tatiana F. Souza

Foto de Capa
Jan Martin Will/Shutterstock

Capa e Projeto Gráfico
Tathiana A. Inocencio

Dados Internacionais de Catalogação na Publicação (CIP)
(Câmara Brasileira do Livro, SP, Brasil)

Blanc, Claudio
  Aquecimento global & crise ambiental / Claudio Blanc. –
São Paulo: Gaia, 2012.

ISBN 978-85-7555-275-9

1. Aquecimento global. 2. Ecologia. 3. Educação ambiental. 4. Homem – Influência ambiental. 5. Meio ambiente. 6. Proteção ambiental. 7. Recursos naturais – Conservação. I. Título.

11-09663   CDD-304.2

Índices para catálogo sistemático:

1. Consciência ambiental: Ecologia humana   304.2
2. Meio ambiente: Preservação: Ecologia humana   304.2

Direitos Reservados

Editora Gaia ltda.
(Pertence ao grupo Global Editora
e Distribuidora Ltda.)

Rua Pirapitingui, 111-A – Liberdade
CEP 01508-020 – São Paulo – SP
Tel.: (11) 3277-7999 – Fax: (11) 3277-8141
e-mail: gaia@editoragaia.com.br
www.editoragaia.com.br

Obra atualizada
conforme o
**Novo Acordo
Ortográfico da
Língua
Portuguesa**

Colabore com a produção científica e cultural.
Proibida a reprodução total ou parcial desta obra
sem a autorização do editor.

Nº de Catálogo: **3299**

**AQUECIMENTO GLOBAL
& CRISE AMBIENTAL**

Sumário

Apresentação 9

PARTE I – A CRISE AMBIENTAL

Planeta ameaçado
1. Gaia...14
2. A sétima extinção 18

Causas
3. O efeito estufa..22
4. Desmatamento 29
5. Buraco no céu...37
6. A praga humana...41

Impactos
7. A exemplo dos gafanhotos 48
8. Tesouro desperdiçado 57
9. Paraíso poluído 62
10. Lixo até o pescoço..70
11. O degelo do Ártico...78

12. El Niño 86
13. O clima do futuro 90
14. Refugiados ambientais 97

PARTE II – NÓS E A ENERGIA

15. O problema petróleo 106
16. Barril de pólvora 112
17. Biocombustíveis 119
18. O combustível do futuro 122

PARTE III – AS POLÍTICAS DO AQUECIMENTO GLOBAL

19. A campanha de desinformação 130
20. Crescimento e carbono 136
21. O Protocolo de Montreal 141

PARTE IV – SOLUÇÕES

22. Soluções para salvar o planeta 150
23. Desenvolvimento sustentável 157
24. Educação ambiental 164
25. Economia Verde 170
26. Consumo consciente 176
27. Responsabilidade social 181
28. O que você pode fazer 186

Referências 195

Apresentação

Todos se lembram da fábula da galinha dos ovos de ouro. Era a fonte de riqueza daquele homem afortunado que, todos os dias, recebia da ave um ovo de ouro maciço. Ganancioso, resolveu – coloquemos assim – forçar a produção e acabou destruindo seu meio de sustento.

De certa forma, o mesmo está acontecendo entre nós e o planeta. A natureza tem nos provido abundantemente, mas estamos forçando os recursos do solo, esgotando nossas águas, poluindo os ares e mares. Estamos correndo o risco de matar nossa galinha dos ovos de ouro, talvez não por ganância, como o personagem da fábula, mas por não considerarmos o alto custo ecológico da produção de nossos alimentos, do consumo de nossas energias, do lixo e dos dejetos que geramos, do desperdício de água e de outros preciosos recursos naturais e da pobreza em escala global.

O Quarto Relatório de Avaliação, emitido em fevereiro de 2007 pelo Painel Intergovernamental sobre Mudança Climática (IPCC, na sigla em inglês) – grupo criado em 1988 pela Organização Meteorológica Mundial e pelo Programa da Organização das Nações Unidas (ONU) para o Meio Ambiente e formado por cerca de quinhentos cientistas do mundo todo para avaliar as informações científicas e socioeconômicas sobre o aquecimento global –, afirma categoricamente que "o aquecimento antropogênico do clima é global e pode ser detectado nas temperaturas da superfície, da atmosfera livre e dos oceanos". Além disso, sustenta que "é *extremamente provável* que as atividades humanas tenham exercido uma influência substancial no aquecimento do clima desde 1750". O termo *extremamente provável* indica, nesse relatório, uma probabilidade maior do que 95%. O Painel, que representa o *consenso* da comunidade científica mundial, explica que as causas do aquecimento global antropogênico são "emissões de gases de efeito estufa, aerossóis e alterações na superfície terrestre".

Mais do que nunca faz-se necessário transformarmos nossas maneiras de produzir bens e de gerar riquezas, construindo uma sociedade sustentável. Para tanto, é preciso uma mudança radical, que deve começar em escala individual. Cada homem e mulher desse planeta deve fazer escolhas conscientes sobre várias instâncias da vida cotidiana. São pequenas atitudes, como andar menos de carro, restringir o consumo de carne, evitar o desperdício – inclusive o de dinheiro – e, principalmente, exigir dos líderes que também eles promovam as mudanças políticas tão fundamentais para respaldar a atitude individual.

Os líderes mundiais devem começar a ter uma perspectiva que ultrapasse as fronteiras estabelecidas no atlas. Para neutralizar o pesado impacto ambiental – e, por que não, moral – causado pela pobreza, os formuladores de políticas têm a grande responsabilidade de promover a inclusão social e o desenvolvimento das nações subdesenvolvidas.

Ironicamente, é como se a própria natureza e suas leis ("o Deus de Espinosa", no qual Einstein afirmava acreditar) forçassem a humanidade a mudar conscientemente o impulso natural, autofágico, que nos torna predadores da nossa própria espécie, ou, usando as palavras do filósofo Thomas Hobbes (1588-1679), que faz do homem "o lobo do homem".

Com efeito, a riqueza de poucos se baseia na pobreza de muitos. O sistema produtivo não consegue suprir toda a humanidade, tampouco é capaz de incluir a oferta de trabalho disponível. Também não há vontade política por parte das nações ricas em auxiliar os países subdesenvolvidos. Os bolsões de pobreza são o resultado inevitável dessa equação.

Em busca de recursos, essas populações desfavorecidas recorrem à natureza, quase sempre de modo a causar impacto ambiental. Para fugir da miséria, ou, conforme declarou um caçador ilegal ao ser preso, "para não ver os filhos morrerem de fome", esses excluídos exploram os recursos naturais de maneira desordenada, destruindo o meio ambiente com suas ações.

Há ainda mudanças culturais a serem implementadas, transformações que incluem promover o *status* social das mulheres em diversas regiões do globo. A ignorância à qual a mulher é submetida em diversas culturas gera pobreza, superpopulação e, consequentemente, violência, expandindo o desequilíbrio social em escala mundial.

Estamos passando por um momento histórico que exige um esforço talvez além dos nossos preconceitos, do nosso bairrismo, da nossa indiferença. Os líderes mundiais respondem ao problema ambiental com promessas de que a tecnologia será capaz de reverter a situação. No entanto, essa tecnologia ainda não está disponível e, mesmo quando estiver – se isso de fato acontecer – levará algum tempo para migrarmos dos atuais padrões de produção para os sustentáveis. Tempo do qual já não dispomos.

Mais do que tecnologia, a mudança que precisamos protagonizar é de ordem ética. Os homens e mulheres modernos precisam aprender a ver o planeta e os recursos que ele oferece com a mesma reverência dos povos ancestrais, os quais consideravam a Terra uma deusa e entendiam os recursos naturais como presentes dessa divindade. Mais que isso, precisamos promover a grande transformação de abandonar nossos preconceitos com relação às culturas, religiões e povos estranhos a nós, extinguindo a pobreza e a desigualdade social.

Ao olhar o pesadelo de horror que tem sido a história do homem, não se pode deixar de pensar que a transformação exigida da humanidade provavelmente está além da sua natureza autofágica. Seria preciso a humanidade fazer uma escolha consciente no sentido de anular essa característica. Dessa forma, as forças biológicas (ou evolutivas) e históricas nos compelem a resolver um dilema cósmico nunca antes imposto à humanidade. Fica a questão: será que teremos sucesso?

O aquecimento antropogênico do clima é global e pode ser detectado nas temperaturas da superfície, da atmosfera livre e dos oceanos. [...] É extremamente provável [há uma probabilidade maior do que 95%] que as atividades humanas tenham exercido uma influência substancial sobre o aquecimento do clima desde 1750. [...] [sendo as causas desse aquecimento] emissões de gases de efeito estufa, aerossóis e alterações na superfície terrestre.

Quarto Relatório de Avaliação do Painel
Intergovernamental sobre Mudança Climática (IPCC),
fevereiro de 2007. (Tradução de Climate Change 2007:
Synthesis Report Contribution of Working Groups I, II and III to the
Fourth Assessment Report of the IPCC.)

PARTE I

A CRISE AMBIENTAL

Planeta ameaçado

capítulo I
Gaia

"O que acontece à Terra, acontece aos filhos da Terra", declarou, em 1855, o chefe Seattle ao presidente norte-americano Franklin Pierce, numa carta que respondia à proposta de compra da terra dos índios pelos brancos. Nesse texto que acabou se tornando um manifesto ambientalista, Seattle, líder dos Duwamish, nativos do atual estado de Washington, dá a entender que a Terra é uma entidade viva, onde todos os seus componentes – os seres vivos, as rochas, as águas e a atmosfera – interagem em harmonia, conferindo vida ao planeta. "O homem não tece a teia da vida", afirma Seattle, "ele é apenas um fio dessa teia".

Essa percepção, embora adquirida apenas por meio da sensibilidade do chefe duwamish, está imbuída de uma noção que a ciência começa a adotar apenas agora. Mais de um século e meio depois de Seattle fazer suas declarações, explicando ao homem branco uma realidade planetária para a qual os civilizados estavam cegos, um cientista propõe uma visão do planeta que corrobora as palavras do chefe indígena.

James Lovelock, influente cientista britânico, sugere uma abordagem bastante abrangente para entender nosso planeta e as alterações pelas quais ele está passando. Lovelock, que trabalhou na Nasa e é autor de diversas invenções, entre elas o ECD (sigla inglesa para detector de captura de elétrons, um aparelho que permite mensurar o acúmulo global de pesticidas e a poluição pelos fluorcarbonos, produtos químicos responsáveis pelo buraco na camada de ozônio), entende a Terra como um sistema fisiológico único, uma entidade viva. E como todo ser vivo, a Terra seria capaz de autorregular seus processos químicos e sua temperatura.

Lovelock lançou sua ideia pela primeira vez no final da década de 1960, num artigo publicado no periódico *Ícaro*, editado pelo astrofísico Carl Sagan (1934-1996). "A vida, ou a biosfera, regula ou mantém o clima e a composição atmosférica em um nível ótimo para si mesma", propôs ele no artigo.

Esse conceito da Terra como um sistema único – que Lovelock batizou de Gaia, o nome que os antigos gregos davam à deusa Terra – é essencialmente fisiológico, pois entende o planeta como um organismo cujos componentes interagem de forma a sustentar a vida. A visão proposta pelo cientista sustenta que a Terra funciona como um sistema interligado – ao contrário do que faz a ciência ortodoxa, que divide a Terra em partes distintas: a biosfera, a atmosfera, a litosfera e a hidrosfera. "Essas divisões não são divisões reais da Terra, mas esferas de influência habitadas por cientistas e acadêmicos", diz Lovelock.

O cientista britânico James Lovelock sugeriu que a Terra é como um organismo cujos componentes interagem de modo a sustentar a vida.

De fato, na medida em que desenvolveu a Hipótese Gaia, Lovelock percebeu que não é apenas a vida, ou seja, a biosfera, que regula o sistema Gaia, mas todos os seus componentes. A evolução dos organismos está intimamente ligada à evolução do ambiente físico e químico. Sua ação conjunta constitui um processo autorregulador. Da mesma forma que o clima, a composição das rochas, o ar, os rios e os oceanos são determinantes para a evolução dos seres vivos de um ambiente, as espécies animais e vegetais também transformam e recriam os ambientes ao seu redor. Mais que isso, além de se modificarem mutuamente, o conjunto dessas relações origina outra percepção do conceito de vida, em esfera planetária.

Ao desenvolver sua hipótese, Lovelock analisou as características da vida e concluiu que a Terra é um sistema vivo. A definição mais adequada de *vida* ainda é debatida intensamente no meio científico. Há diferentes formas de se entender o significado dessa palavra. A definição mais tradicional é: vida é a propriedade das plantas e dos animais que lhes permite ingerir alimentos, extrair energia, crescer de acordo com suas instruções genéticas e se reproduzir. Outra definição considera que todos os sistemas vivos têm fronteiras – as paredes das células, as membranas, ou a pele – e capacidade de manter um meio interno constante, precisam de um fluxo contínuo de energia para preservar sua integridade e excretam produtos residuais.

Lovelock observa que Gaia apresenta muitas dessas características. A Terra é, por exemplo, exteriormente limitada pelo espaço, com o qual troca irradiação de energia – a luz solar entra e a radiação térmica sai. O planeta utiliza energia solar e rege uma espécie de metabolismo em escala planetária. A Terra absorve energia de alta qualidade, como a luz solar, e excreta para o espaço energia de baixa qualidade, como raios infravermelhos. É também um sistema que se autorregula. O clima permaneceu satisfatório para a vida durante 3,8 bilhões de anos, mesmo apesar de ter havido um aumento de 25% de produção solar. "O clima certamente não foi mantido por uma casualidade feliz", argumenta Lovelock, implicando que foi a Terra que regulou seu próprio clima.

O autor da Hipótese Gaia afirma também que, como todo organismo vivo, o planeta possui órgãos. Esses órgãos seriam os ecossistemas, que se espalham por toda a superfície do planeta: desde o Ártico até os desertos, das florestas temperadas e tropicais aos campos e pântanos, do litoral ao fundo dos oceanos. Esses ecossistemas são sustentados por outros, invisíveis. Trata-se dos ecossistemas bacterianos fotossintetizadores e consumidores, que ficam na superfície do solo e do mar, e dos ecossistemas fermentadores e anaeróbicos, que vivem no subterrâneo. Lovelock diz que todos eles podem ser vistos como superorganismos que possuem algumas características das entidades vivas – isto é, autorregulação, homeóstase (tendência que o organismo tem de se estabilizar) e metabolismo –, mas que também "são também os órgãos de Gaia". "Embora estejam ligados a todos os outros ecossistemas, cada um deles tem uma identidade distinta e desempenha um papel de importância vital em todo o organismo."

As mais fortes objeções à Hipótese Gaia se referem ao fato de a Terra não poder se reproduzir. "Se ela não se reproduz, não pode estar viva", raciocinam os opositores de Lovelock. Mas Gaia pertence a uma categoria distinta de vida, aquela em que estão os recifes de coral e as colmeias, ou seja, sistemas autorreguladores que sustentam vida, crescem e evoluem com ela.

A visão proposta pela Hipótese Gaia é importante porque traz uma perspectiva nova para o nosso entendimento do planeta e da vida de que somos parte. Há, porém, uma implicação maior do fato de o planeta ser um organismo vivo, capaz de se autorregular e de resolver problemas que ameacem seus processos. "Qualquer espécie que afete adversamente o meio ambiente, tornando-o menos favorável para a progênie de Gaia, acabará sendo banida, exatamente como acontece com os membros mais fracos de uma espécie que não conseguem passar pelo teste de aptidão evolutiva", sustenta Lovelock. Dessa forma, Gaia tenderia a buscar sua sobrevivência, mesmo que para tanto tivesse de eliminar a espécie mais inteligente que produziu. A julgar pelas mudanças climáticas e suas drásticas consequências que estamos começando a testemunhar, Lovelock está com a razão.

capítulo 2
A sétima extinção

A extinção humana, ou o *fim do mundo*, como tão comumente nos referimos a esse medo, tem sido tema literário, religioso e científico frequente desde tempos imemoriais. No passado, bastava que surgisse algum cometa no céu, ou que ocorressem eclipses, para inflamar um frenesi entre nossos antepassados. Datas especiais também eram temidas. No final do primeiro milênio da era cristã, os europeus tinham certeza de que o fim do mundo havia chegado.

Hoje, apesar do conhecimento científico, o temor continua. Documentários de televisão nos informam de um destino inevitável, quando toda a raça humana desaparecerá para sempre. Filmes e livros especulam sobre as formas como isso acontecerá. Seja pelo impacto de um meteorito, mudanças climáticas, expansão solar, guerra nuclear ou até mesmo invasão alienígena, nosso fim enquanto espécie chegará algum dia.

O medo da extinção não é infundado. Durante toda a existência do planeta Terra, vários fenômenos têm provocado ciclos de extinção da vida e violentas transformações no nosso planeta. Cientistas identificaram ocorrências catastróficas com potencial de causar extinção de grande parte das espécies vivas. São os chamados "eventos de extinção em massa". Felizmente, tais eventos são raros, mas evidências geológicas demonstram que eles aconteceram por diversas vezes desde que a vida multicelular se desenvolveu no planeta, há cerca de 1 bilhão de anos.

Conhecemos hoje pelo menos dez eventos de extinção em massa ocorridos no nosso planeta. Desses, seis foram potencialmente graves. O primeiro aconteceu cerca de 435 milhões de anos atrás, no final do período ordoviciano. Pouco mais de 1 milhão de anos depois, perto do final do período devoniano, há aproximadamente 357 milhões de anos, houve o segundo. A terceira extinção em massa foi a pior de que se tem notícia: no final do período permiano, há 250 milhões de anos, 95% das espécies marinhas, oito das 27 ordens de insetos que existiam e mais de dois terços das famílias de répteis e anfíbios foram dizimados no fenômeno conhecido como a Grande Extinção do Permiano.

Acredita-se que ele tenha sido causado por enormes erupções vulcânicas que teriam ocorrido na região que hoje conhecemos como Sibéria. Essas erupções teriam durado cerca de 800 mil anos – um período bastante pequeno para os padrões do tempo geológico – e, lançado poeira e partículas, que, em suspensão na atmosfera, bloquearam a luz solar, causando um esfriamento global. Como consequência da queda de temperatura, a água do mar teria ficado aprisionada em forma de gelo nas calotas polares, e o nível dos oceanos e mares interiores, baixado significativamente, eliminando ou modificando os *habitat* marítimos. Mas é possível que a alteração climática não tenha sido a causa da extinção. Um estudo publicado na revista britânica *Geology*, em dezembro de 2005, indica que a extinção em massa do Permiano foi causada, provavelmente, por gases vulcânicos venenosos. Evidências disso foram encontradas em moléculas preservadas em rochas da época da extinção.

A destruição de quase 95% da vida na Terra no final do Permiano abriu caminho para o desenvolvimento dos dinossauros, que iriam controlar o mundo pelos 185 milhões de anos seguintes. Essas criaturas, porém, testemunharam dois grandes eventos de extinção em massa, o segundo dos quais causou sua destruição. No final do período triássico, há 198 milhões de anos, houve uma nova catástrofe, e no final do período cretáceo, 65 milhões de anos atrás, aconteceu a mais conhecida extinção em massa – a que causou o desaparecimento dos dinossauros. Especula-se que esse evento tenha sido provocado pelo choque de um meteorito contra a Terra. A nuvem de detritos lançada na atmosfera teria impedido a entrada da radiação solar, resultando em frio e escuridão. As espécies que não se adaptaram às novas circunstâncias climáticas sucumbiram. Embora tenha sido bem menos letal que a Grande Extinção do Permiano, a ocorrência destruiu cerca de 60% da vida planetária.

O último grande evento de destruição em massa aconteceu mais ou menos há 54 milhões de anos, próximo do final do período eoceno.

Mico-estrela (Callithrix penicillata): *ele desaparece junto com as matas onde vive.*

O fim da humanidade?

Alguns cientistas sustentam que estamos vivendo uma nova era na história terrestre, o período antropoceno, no qual a humanidade se apresenta como a principal força do planeta. No entanto, muitos pesquisadores apontam para o fato de que o nosso sucesso em transformar e adaptar o meio ambiente de acordo com nossas necessidades está pressionando os ecossistemas da Terra a tal ponto que nós nos tornamos uma ameaça para nossa própria espécie e para todas as outras formas de vida. Alguns deles chegam a afirmar que já estamos passando por um evento de extinção em massa. Além das alterações climáticas que provocamos com as emissões de gases resultantes da queima de combustíveis fósseis, a destruição de *habitat* pela nossa espécie é outra grande ameaça à vida na Terra. Conforme a população humana aumenta, o número de espécies vegetais e animais diminui por conta da perda de *habitat*. A União para Conservação Mundial (WCU, na sigla em inglês) anunciou em 2007 que, de 40 mil espécies estudadas, 12% de todas as aves, 13% das plantas e 25% dos mamíferos correm risco de extinção.

Esse sétimo grande evento de destruição em massa que estaríamos enfrentando pode implicar no fim da nossa espécie. Especialistas apontam seis aspectos especialmente críticos que podem levar a humanidade a desaparecer da face da Terra:

Fome: estima-se que, em todo o mundo, uma a cada seis pessoas padeçam de fome e malnutrição. A cada dia, cerca de 30 mil crianças com menos de cinco anos morrem de fome ou de doenças derivadas da falta de nutrientes.

Água: pesquisadores preveem que, por volta de 2025, dois terços da humanidade viverão em locais onde a escassez de água atingirá níveis críticos.

Energia: a produção de petróleo deverá começar a declinar ainda na década de 2010; a falta de petróleo, bem como a de água e outros recursos naturais, pode levar a guerras entre potências.

Alterações climáticas: de acordo com o ex-primeiro-ministro britânico, Tony Blair, este é o maior desafio que enfrentamos; o aquecimento global está provocando secas, enchentes, furacões e extinção de espécies animais e vegetais, comprometendo a biodiversidade do planeta.

Poluição: atualmente, substâncias químicas perigosas estão sendo encontradas nos corpos de todos os recém-nascidos; estima-se que 25% da população mundial esteja exposta hoje a elevadas concentrações de poluentes atmosféricos.

Superpopulação: já somos mais de 6 bilhões em todo o planeta, e a ONU prediz que seremos quase 9 bilhões em 2050; sem água, alimentos e energia suficientes, o aumento populacional pode comprometer gravemente a existência humana e, em consequência, o equilíbrio da vida na Terra.

Causas

capítulo 3
O efeito estufa

Desde o seu início, nosso planeta vem sofrendo constantes transformações. Por causa das alterações climáticas, seus mares têm congelado e derretido, revelando e submergindo extensas áreas de terra, ao longo de eras glaciais. Formas de vida têm surgido e sido extintas durante o processo de evolução planetária. O clima da Terra é um dos principais fatores que provocam essas mudanças. Frequentemente, ele sofre alterações, o que influencia diretamente todos os seres vivos e, muitas vezes, causa desastres naturais. A diferença é que, no passado, os fenômenos climáticos mudavam por causas naturais. Hoje, porém, nada afeta mais o clima do planeta do que a ação do homem, que polui a atmosfera, destrói *habitat* e contamina mares e lençóis freáticos.

A média de temperatura global aumentou 0,6 °C nos últimos 140 anos – uma alteração que, apesar de parecer pequena, já traz consequências drásticas para a vida na Terra. Até o final de 2006, havia dúvidas sobre as causas da mudança climática em curso. Porém, no início de 2007, cientistas do IPCC concluíram que é a ação humana a causadora dessa grande mudança. A poluição e a devastação de florestas estão entre os principais responsáveis pela atual mudança climática. No entanto, o que mais tem preocupado os cientistas é o fenômeno conhecido como efeito estufa.

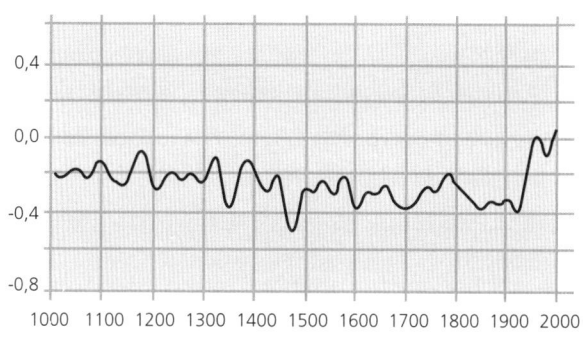

Variações na temperatura da superfície da Terra nos últimos 1.000 anos

Variações em graus Celsius (relativas à média de 1961-1990)

Fonte: IPCC

Os chamados gases-estufa, lançados pelo homem na atmosfera por meio da queima de combustíveis fósseis, permitem que a radiação solar penetre na atmosfera, mas retêm grande parte dela, gerando aumento de temperatura. Eles agem exatamente como o vidro de uma estufa de flores. É esse efeito que permite, por exemplo, que plantas tropicais sejam cultivadas no Jardim Botânico de Kew, na Inglaterra, em pleno inverno. Os fracos raios de sol que penetram através do vidro da estufa são retidos em seu interior, aumentando incrivelmente a temperatura. Mas, se o calor gerado pelo efeito estufa é positivo numa situação artificial para o cultivo de plantas, para o planeta Terra é um desastre capaz de extinguir um grande número de espécies.

Pesquisadores britânicos compararam recentes leituras de satélites com dados de trinta anos atrás e concluíram que menos radiação está escapando da Terra para o espaço. Isso sugere que o efeito estufa tenha aumentado na mesma proporção em que cresceu a emissão dos gases-estufa. Ou seja, a Terra está de fato ficando mais quente.

Efeito estufa: gases como o CO_2 retêm a radiação solar na atmosfera, provocando aumento da temperatura.

A situação está chegando a um nível muito crítico. James Lovelock avisa: "É possível que nos reste pouco tempo para agir". Segundo o cientista, se o nível de dióxido de carbono (CO_2) na atmosfera ultrapassar quinhentas partes por milhão, o sistema da Terra ficará sujeito a um superaquecimento irreversível. Atualmente, já atingimos o nível de 380 partes por milhão.

As implicações do aquecimento global são drásticas. Em particular, o Brasil seria gravemente afetado. A mudança climática do planeta pode levar ao desaparecimento de 10% a 25% da Floresta Amazônica até 2080. Por conta de a mudança climática alterar o regime de chuvas, a floresta acabará sendo eliminada mesmo sem ser desmatada – simplesmente por causa do clima. No seu lugar, surgiria um tipo de savana, como o cerrado brasileiro. De acordo com Philip Fearnside, do Instituto Nacional de Pesquisas da Amazônia (Inpa), se os estudos sobre o impacto das mudanças climáticas na Floresta Amazônica estiverem corretos, o Brasil será um dos países mais prejudicados pelo aquecimento global. A mudança climática da Amazônia irá afetar a água disponível, a biodiversidade, a agricultura e a saúde humana.

No Nordeste do Brasil, o maior problema será o aumento da seca. O IPCC prevê que 75% das fontes de água do Nordeste secarão até 2050. A região poderá passar de zona semiárida a zona árida, e as consequências dessa mudança afetarão a alimentação, a sanidade e a saúde da população local. Os moradores dessa região enfrentarão grandes problemas, principalmente a diarreia. Não se trata de doença grave, mas, nas condições de vida projetadas pelo IPCC, com falta de água potável, má alimentação e sanidade precária ou inexistente, muitas pessoas poderão falecer em decorrência da diarreia. De fato, como em outras instâncias, a mudança climática irá afetar mais as populações que não têm meio de se adaptar às mudanças, isto é, as populações de baixa renda.

A mudança climática também terá impacto sobre a produção agrícola da região Sudeste; e São Paulo perderá uma importante área de cultivo de café, inutilizada por causa do aquecimento.

Na América do Sul, a falta de água afetará com mais força os Andes bolivianos. Por outro lado, deverá haver problemas de inundações na região do Rio da Prata, ao sul do continente.

As mudanças climáticas também já afetam os africanos e poderão anular os esforços de combate à pobreza, a menos que sejam tomadas medidas urgentes. As secas estão piorando, e o clima, cada vez mais imprevisível, se transformando em uma ameaça de proporções inéditas para a segurança alimentar. Regiões áridas ou semiáridas da África (no norte, parte do sul, leste e oeste) estão cada vez mais secas, e áreas equatoriais, cada vez mais alagadas. A grande ironia é que os africanos pouco ou nada contribuíram para o aquecimento global, resultado da atividade econômica de países desenvolvidos e industrializados.

Fim das geleiras e aumento do nível dos oceanos

Uma das consequências inevitáveis do aquecimento provocado pelo efeito estufa é o aumento do nível dos oceanos. Nos últimos cem anos, o nível do mar já subiu cerca de 20 cm e os cientistas preveem que, na década de 2080, o nível do mar terá subido entre 16 e 69 cm. Algumas ilhas estão irremediavelmente afetadas, e seu *habitat*, tremendamente ameaçado. A Ilha de Tuvalu, no Pacífico, já está passando por isso. Muitos ilhéus já abandonaram o local por causa da invasão do mar. Num futuro próximo, Tuvalu deixará de ser habitável.

Também as geleiras retrocedem em muitos lugares do mundo. Os cientistas estão preocupados com um lugar em particular: o Alasca, onde cerca de 800 km^3 de gelo sumiram nos últimos cinquenta anos. Metade da água doce que flui para os mares do mundo vem do gelo que se derrete no Alasca.

Esse aumento no volume de água doce pode causar outras mudanças na temperatura, salinidade e padrões de vento – fatores que influenciam diretamente as correntes marítimas. Isso afetaria ainda mais o clima, provocando, em vez de superaquecimento, um grande resfriamento global. Na Europa, as correntes quentes que aquecem o continente poderiam desaparecer, fazendo a média de temperatura dessa região cair em até 20 °C – o que daria início, no século XXII, a uma nova era glacial.

Entre 2004 e 2005, um satélite da Nasa, a agência espacial norte-americana, registrou mudanças drásticas na camada de gelo do oceano Ártico, região que compreende o Alasca. A área de gelo permanente – a camada que fica congelada durante todo o ano – foi reduzida em 14%, o equivalente a mais de 700 mil km². Nas últimas décadas a área congelada sofreu redução de, em média, 0,7% por ano. Estudos recentes mostraram que tanto a área quanto a densidade do gelo no oceano Ártico estão diminuindo a cada verão. Os locais mais afetados são o leste do Ártico, ao norte da Rússia e da Europa. No lado ocidental, ao norte do continente americano e do oceano Atlântico, a camada de gelo teve um pequeno aumento em área. No entanto, os índices registrados em setembro de 2006 foram os mais baixos desde 1978, quando se começou a medir o gelo do Ártico.

Usina elétrica a carvão em Conesville, Ohio, Estados Unidos.

Se essa tendência continuar, o gelo no Ártico pode sumir em 35 anos – ou em período ainda menor. De acordo com estudo realizado por uma equipe de cientistas do Centro Nacional de Pesquisa Atmosférica (NCAR, na sigla em inglês) e das universidades McGill e de Washington, todo o gelo perene do Ártico poderá desaparecer até 2040, quando, segundo os modelos projetados por computador, somente uma pequena quantidade de gelo perene permaneceria nas costas da Groenlândia e do Canadá.

Foi constatado também que, desde 1850, o volume das geleiras dos Alpes europeus diminuiu 50% e, até o final deste século, a metade do que sobrou deve sumir. Na Antártida, as temperaturas aumentaram muito mais do que a média global: 2,5 °C em cinquenta anos. Se a calota de gelo da Antártida ocidental derreter, o nível do mar aumentará de 5 a 6 m. As consequências para a humanidade serão drásticas: das quinze maiores cidades do mundo, treze estão no litoral.

Desastre de grandes proporções

Mas não é só o efeito estufa que vem alterando os fenômenos climáticos da Terra. O desflorestamento, além de causar mudanças no relevo do planeta, tem um grande impacto sobre o clima, e a consequência direta é o aumento das enchentes no mundo todo.

A vegetação que recobre a superfície do planeta funciona como uma *pele* protetora. As florestas tropicais contribuem para o ciclo das chuvas. Enormes volumes de água evaporam a partir das folhas das árvores. O vapor que sobe se condensa formando nuvens, a chuva cai, as árvores crescem e mantêm o solo coeso e fértil por causa do húmus formado pela queda das folhas. Mas, ao eliminarmos as árvores, a chuva cessa, e sem chuva o solo também começa a morrer, pois as bactérias que o sustentam não sobrevivem. A floresta não resiste, e a terra fica coberta de vegetação rasteira ou se torna um deserto. Com o aumento da temperatura por conta da perda de umidade produzida pelas florestas, as alterações climáticas também terão proporções catastróficas e de difícil previsão.

A poluição dos lençóis freáticos e a contaminação dos mares também representam uma grave ameaça à vida na Terra. A humanidade produz hoje a incrível cifra de mil toneladas de lixo por segundo. Praticamente todos os recém-nascidos têm apresentado resíduos de produtos químicos nocivos nos seus corpos.

Um estudo realizado pela Universidade de Leeds, na Grã-Bretanha, revelou que a poluição e, consequentemente, as alterações climáticas podem levar à extinção de 15% a 37% das espécies do mundo até 2050. Chris Thomas, líder do time de pesquisadores, disse que as "análises mostram que mais de 1 milhão de espécies poderão ser extintas".

Para James Lovelock, as mudanças pelas quais a Terra está passando nada mais são do que uma tentativa do planeta de recuperar seu equilíbrio. "O aumento na temperatura global é a resposta do nosso ultrajado planeta. Estamos em guerra com a Terra. Só que nós somos o alvo de Gaia", sustenta o cientista. A solução "é parar imediatamente a destruição dos *habitat* naturais", a chave do equilíbrio do clima e da química do planeta.

capítulo 4
Desmatamento

Dos três fatores responsáveis pela mudança climática que estamos enfrentando – gases de efeito estufa, destruição da camada de ozônio e desmatamento –, o mais difícil de ser controlado é o desmatamento. Apesar das controvérsias, da falta de boa vontade e de comprometimento, está havendo um debate mundial – inclusive (e principalmente) no âmbito político – no sentido de reduzir a emissão de gases-estufa em escala global. O Protocolo de Kyoto é o primeiro desses acordos e espera-se que se desdobre em novos e mais eficientes tratados. O mesmo está acontecendo com os clorofluorcarbonos (CFCs), gases usados pelas indústrias de refrigeradores, eletrônicos e mecânica, entre outras, e que estão destruindo a ozonosfera. Desde a assinatura do Protocolo de Montreal, o acordo mundial que visa a reduzir o uso dos CFCs, a emissão desses gases já foi reduzida de forma considerável. Infelizmente, isso não está acontecendo com o desflorestamento: apesar de todos os protestos mundiais, as florestas tropicais estão sendo destruídas num ritmo impiedoso. Em todo o mundo, a cada minuto é devastada uma área de floresta tropical aproximadamente do tamanho de 37 campos de futebol.

As matas são derrubadas, principalmente, para fornecer combustível, madeira de lei, material de construção de prédios e estradas, matéria-prima para a fabricação de papel, e também para dar lugar a áreas agrícolas e pastagens para gado.

Metade das árvores cortadas no mundo é usada como combustível. Nos países pobres e em desenvolvimento, como em certas áreas do Brasil, o uso da lenha é um hábito. O problema é que as árvores derrubadas dificilmente são substituídas por novas mudas.

Além de provocar o empobrecimento acelerado da biodiversidade, com impacto direto na vida de milhões de pessoas que dependem da floresta para sobreviver, o desmatamento é também fonte de emissão de gases de efeito estufa. Os desmatamentos e queimadas, principalmente na Amazônia, tornam o Brasil o quarto maior emissor de gases-estufa.

Um dos efeitos mais preocupantes do desflorestamento é justamente o aquecimento global. Como as árvores armazenam uma grande quantidade de carbono – uma vez que elas retiram CO_2 da atmosfera por meio da fotossíntese –, quando são cortadas e queimadas, esse carbono reage com o oxigênio e se torna CO_2 – *um dos gases causadores do efeito estufa.*

Para produzir alimentos para toda a humanidade – especialmente carne –, muita terra tem de ser disponibilizada. Assim, as matas nativas dão espaço a terras agricultáveis e pasto, contribuindo, consequentemente, para a mudança climática. Já removemos quase dois terços de todos os ecossistemas terrestres naturais do planeta e os substituímos por sistemas agrícolas. Acontece que, ao substituirmos florestas por culturas de plantas alimentícias ou por fazendas de gado, a Terra perde a capacidade de controlar seu próprio clima.

Os ecossistemas da Terra – as florestas, os pântanos, os mares rasos e os lagos, as florações de algas dos oceanos e outros – fazem parte do sistema regulador do planeta. Ao desmatar, destruímos esses ecossistemas reguladores. "Acabe com as árvores e a chuva irá embora com elas. O clima da região mudará – ficará mais quente e mais seco", escreve James Lovelock em seu livro *Gaia*: cura para um planeta doente.

Encurralados pelo paradoxo entre se desenvolver ou preservar suas riquezas naturais, muitos países não estão conseguindo deter o avanço da destruição de suas matas. O Brasil, onde se encontra a maior parte da Floresta

Amazônica, é um bom exemplo: ao mesmo tempo que o governo adota um plano de "desmatamento zero" em sete anos, aprova a construção de duas hidrelétricas no Rio Negro.

A ambientalista Wangari Maathai, ganhadora do Nobel da Paz de 2004, comentou a respeito do paradoxo. Convidada recentemente a prestar auxílio na luta contra a destruição da Floresta do Congo, a maior do planeta depois da Amazônia, a ativista ambiental se declarou pessimista: "A questão é que não temos recursos suficientes para impedir a devastação: tem muita pobreza no meu continente, mas a África não é pobre, tem muitas riquezas no solo e nas selvas". Para ela, o problema é provocado pelos países desenvolvidos, os quais "exploram os nossos recursos sem qualquer escrúpulo. A exploração madeireira no Congo está destruindo a biodiversidade. A culpa é também dos nossos líderes africanos. Eles permitem que isso aconteça porque querem copiar o mundo desenvolvido", declarou a ambientalista.

Com efeito, a demanda por madeiras nobres é um dos grandes vilões do desflorestamento. A China, por exemplo, lidera um comércio que está provocando a extinção de uma importante espécie tropical, o merbau ou ipil. Essa árvore cresce nos mangues do sudeste asiático e em algumas ilhas do Pacífico e, nos oitenta anos que leva para crescer, atinge cerca de 50 m de altura. O merbau era comum em toda essa região, mas hoje existe apenas na ilha Nova Guiné, que tem seu território governado por dois países, Indonésia e Papua Nova Guiné. Sua madeira é muito usada nos Estados Unidos e Europa para fabricação de móveis e assoalhos, e quase sempre é vendida com nomes diferentes para burlar a fiscalização, uma vez que a comercialização de merbau está proibida desde 2005. De tão procurada, a árvore está desaparecendo. É uma das espécies de madeira de lei mais ameaçadas em todo o mundo. De acordo com a ONG Greenpeace, se a derrubada de merbau continuar no ritmo atual, em 35 anos a espécie estará completamente extinta.

Apesar de o merbau ser uma espécie de árvore protegida, seu comércio continua intenso. Os troncos derrubados ilegalmente nas florestas do sudeste asiático são transportados para a China, onde as leis de importação são menos rigorosas. A madeira é transformada em produtos finais e, então, exportada para Europa, América do Norte e Austrália. Segundo o Greenpeace, a China importa o merbau de fontes ilegais que operam na Nova Guiné. A organização infiltrou investigadores disfarçados em empresas chinesas e descobriu que elas estão usando diversos meios para contrabandear o merbau.

O Greenpeace está agora tentando completar o ciclo produtor-comprador, rastreando também os importadores ocidentais. Não basta pressionar os produtores, deve-se fazer o mesmo com os consumidores. A ONG WWF (World Wildlife Fund, Fundo Mundial para a Natureza) estima que o Reino Unido importe 712 milhões de libras esterlinas (1,4 bilhão de dólares) por ano em madeira ilegal, que é transportada, na maior parte, através da Suécia, Finlândia, Estônia ou Letônia. De acordo com a WWF, o Reino Unido é o terceiro maior consumidor de madeira ilegal do mundo.

No Brasil, o combate à exploração ilegal de madeira também está contribuindo para acabar com nossas matas. Em outubro de 2007, a Polícia Federal realizou uma grande ação para desmantelar uma quadrilha que derrubava e exportava madeira de lei da Mata Atlântica. Os criminosos atuavam com a venda ilegal do jacarandá-da-baía, utilizado para fabricar instrumentos musicais. Essa árvore é tão valorizada quanto rara e a quantidade de madeira necessária para fabricar apenas um violão é vendida nos Estados Unidos por até 800 dólares. O chefe da quadrilha (que comprava e distribuía a madeira no exterior), um brasileiro com cidadania norte-americana, montou um esquema de exportação de madeira para diversos países, entre eles Estados Unidos e Canadá. Um dos contraventores atuava no estado norte-americano de Massachusetts. Os criminosos também disponibilizavam informações e produtos para venda por meio de um site na Internet.

O jacarandá era saqueado, principalmente, no sul da Bahia e no norte do Espírito Santo, em áreas de Mata Atlântica. A extração e o envio para outras localidades ocorriam com a participação e conivência de agentes públicos. O corte da madeira era feito sem documentação legal, e o transporte, com a utilização de documentos que camuflavam a carga de maior valor em meio a madeiras menos valiosas. Notas fiscais frias eram usadas para "esquentar" a madeira.

Destruição florestal

Minas, hidrelétricas e explosão demográfica

A mineração e a criação de infraestrutura também são causas da destruição de florestas. Minerais como ouro, bauxita e minério de ferro são muitas vezes descobertos em áreas de florestas tropicais. Para extraí-los, trechos enormes de selva são derrubados, não apenas nas regiões onde estão as minas, mas também para dar lugar a estradas, depósitos de materiais e equipamentos e a fim de construir casas para os trabalhadores.

Onde há grandes rios correndo pela floresta, o desmatamento tende a acontecer por conta da construção de usinas hidrelétricas. As barragens alagam uma área enorme, fazendo imergir ecossistemas inteiros, ao mesmo tempo que diminuem o volume de água do rio que continua além dos paredões de concreto. É grande o impacto ambiental provocado nas florestas pelas hidrelétricas – ainda que sejam consideradas produtoras de energia *limpa*.

Até meados deste século seremos, de acordo com as projeções, 9 bilhões de pessoas em todo o planeta. Com o crescimento populacional, mais terra acabará sendo ocupada pelos humanos, o que implica necessariamente na derrubada de mais e mais trechos de florestas. Por exemplo, na Ilha de Java, Indonésia, a população cresceu tão rapidamente que as pessoas são estimuladas pelo governo a se mudar para ilhas menos populosas. Nelas, os recém-chegados abrem grandes clareiras nas florestas tropicais para construir casas e estabelecer suas culturas de subsistência.

Perda irreparável

A perda das florestas e dos ecossistemas que elas abrigam é irreparável. Do lado humano da equação, essas florestas são o lar de populações indígenas e estão cheias de espécies raras de animais e de plantas, algumas delas contendo substâncias que podem curar o câncer ou outras doenças que assombram a humanidade. E do ponto de vista do clima do planeta, elas são vitais. Graças à sua capacidade de evaporar enormes volumes de água, as florestas servem para manter fria e úmida a região que as abriga, revestindo-a com nuvens que refletem o calor e provocam a chuva que as sustenta. Mais que isso, as grandes florestas tropicais são parte do sistema de resfriamento do ar da Terra.

O desmatamento já causou o desaparecimento de 65% das florestas naturais. Modelos de computador preveem que se 70% das árvores do planeta forem derrubadas, o sistema regulador de temperatura mantido por elas perderá sua eficiência. Sem isso, o aquecimento é inevitável. A seca resultante poderá levar a problemas futuros como os que já testemunhamos na região subsaariana, onde mais de 2 milhões de pessoas padecem de fome e de sede.

Entre os efeitos imediatos do desflorestamento está a perda do solo pela erosão. Sem as árvores para *ancorar* e segurar o solo, as chuvas ou os rios provocam deslizamentos de lama. A terra perde seus nutrientes e minerais, carregados pela água. Os sedimentos levados se depositam, alterando os cursos dos rios e represando suas águas. Os peixes e plantas aquáticas que se desenvolveram em água limpa morrem com o aumento de sedimentos, e, como eles estão na base da cadeia alimentar, todo o ciclo de vida da região acaba sendo comprometido.

A falta de vegetação implica na extinção da fauna e da flora dos ecossistemas afetados. Sem animais nem plantas, os nutrientes não são repostos e a área se torna infértil.

Programa Nacional de Florestas

A Amazônia, a maior floresta tropical do mundo, já está no seu limite de desmatamento. A média de madeira movimentada na região – de acordo com relatório divulgado pelo Governo Federal em agosto de 2006 – é de aproximadamente 40 milhões de m³, incluindo madeira serrada, carvão e lenha. Desse total, apenas 9 milhões de m³ procedem de manejo florestal, isto é, foram previamente autorizados. O restante é ilegal.

Para gerenciar as florestas brasileiras, impedindo o desmatamento e promovendo o desenvolvimento sustentável, o governo instituiu um plano especial. O Programa Nacional de Florestas (PNF), lançado pelo Governo Federal em 21 de setembro de 2000, tem como objetivo geral promover o desenvolvimento sustentável, conciliando a exploração com a proteção dos ecossistemas. Para tanto, o programa busca fomentar o reflorestamento, especialmente em pequenas propriedades rurais, e a recuperação das florestas de preservação permanente. Além do apoio ao desenvolvimento das indústrias de base florestal e à ampliação dos mercados interno e externo de produtos e subprodutos florestais, apoiando iniciativas econômicas e sociais das populações que vivem em florestas, o PNF busca estimular a proteção da biodiversidade e dos ecossistemas florestais, inclusive com a repreensão de desmatamentos ilegais.

De acordo com o Ministério do Meio Ambiente (MMA), o programa representa uma iniciativa do governo para o cumprimento dos compromissos internacionais assumidos pelo Brasil na Agenda 21 da ONU. O documento básico do PNF afirma que, ao longo do tempo, as ações de governo foram implementadas com três falhas graves, as quais resultaram num "descompasso com o desenvolvimento florestal sustentável".

Primeiro, o PNF condena a inadequação das políticas públicas voltadas ao favorecimento da expansão agropecuária e ao desmatamento. Para corrigir o problema, propõe o apoio às atividades de uso sustentado da floresta. Outro problema advindo das políticas anteriores é a dificuldade de informação, ou seja, a escassez de dados econômicos sobre custos e benefícios do manejo das florestas nativas. Isso gera uma visão equivocada de que o manejo de florestas é economicamente menos atraente do que as atividades agropecuárias. A terceira falha apontada pelo PNF tem a ver com o fato de os proprietários rurais não receberem compensação pelos serviços ambientais na floresta, como a conservação dos solos, dos recursos hídricos e da biodiversidade ou a regulação do clima.

Desde o lançamento do PNF, muitas de suas metas foram cumpridas; por exemplo, as ações de reflorestamento desenvolvidas entre 2003 e 2006, que resultaram na média anual de 600 mil ha plantados – entretanto, essas árvores são pínus e eucalipto, não nativas da região.

Para corrigir o desvio, a diretoria do PNF, ainda na gestão da ministra Marina Silva, estipulou como meta aumentar a média anual de plantio para 1 milhão de ha, até 2010; dar sequência à expansão da base florestal; implementar o Plano Nacional de Silvicultura com Espécies Nativas e Sistemas Agroflorestais (Pensaf); e recuperar áreas degradadas.

Com o Pensaf, lançado em outubro de 2006 em parceria com os Ministérios da Agricultura, do Desenvolvimento Agrário e da Ciência e Tecnologia, pretende-se criar condições favoráveis à utilização de espécies nativas e sistemas agroflorestais para produção comercial. O PNF aposta que isso aumentará a disponibilidade de produtos florestais, com consequentes benefícios sociais, econômicos e ambientais.

capítulo 5
Buraco no céu

Ao redor da Terra há uma frágil camada de gás ozônio (O_3) chamada ozonosfera: é a parte superior da estratosfera e fica entre 20 e 50 km de altitude. Trata-se de uma camada tão rarefeita que, se fosse comprimida à pressão atmosférica ao nível do mar, sua espessura não passaria de 3 mm. Apesar de, na superfície terrestre, o O_3 contribuir para agravar a chuva ácida e a poluição do ar das cidades, na estratosfera ele absorve a radiação ultravioleta (UV) do sol, protegendo animais, plantas e seres humanos desses raios. É um filtro que permite a vida no planeta. No entanto, substâncias fabricadas pelo homem estão destruindo a camada de O_3.

Um grupo delas são os gases CFCs. Lançados pelo homem na atmosfera, eles atingem a estratosfera e reagem com o O_3, transformando-o e, consequentemente, fazendo-o desaparecer. Os CFCs são usados como propelentes em aerossóis, como isolantes em equipamentos de refrigeração e para produzir materiais plásticos. Liberados, levam cerca de oito anos para chegar à estratosfera, onde são atingidos pela radiação UV, se desintegram e liberam cloro. Este, por sua vez, reage com o O_3, transformando-o em oxigênio. E o oxigênio não é capaz de proteger o planeta dos raios UV.

Cientistas avaliam que uma única molécula de CFC pode destruir 100 mil moléculas de O_3.

E além dos CFCs, há outras substâncias que destroem a camada de O_3, como o brometo de metila e o metano. A maior parte do metano é produzida pela agricultura, pela pecuária e pelas florestas. Mesmo com a proibição do uso dos CFCs, o buraco na camada de ozônio poderá continuar aumentando já que temos emitido quantidades cada vez maiores de metano que, vale lembrar, é um gás-estufa com potencial maior que o do CO_2.

Quanto ao brometo de metila, outro produto químico destruidor da ozonosfera, só nos Estados Unidos, seu consumo anual é de 21 mil toneladas, 75% delas usadas para preparar solos antes da semeadura, e o restante, como inseticida aplicado nos produtos agrícolas estocados em armazéns.

Antártida

Foi em 1977 que cientistas britânicos detectaram pela primeira vez a existência de um buraco na camada de ozônio sobre a Antártida. Uma série de fatores climáticos faz da estratosfera sobre aquele continente uma região especialmente suscetível à destruição do O_3. Em todo o mundo as massas de ar circulam, os poluentes lançados no Brasil, por exemplo, acabam chegando à Europa, empurrados pelas correntes de ar. Na Antártida, porém, por conta do rigoroso inverno de seis meses, essa circulação de ar não acontece. Sem correntes de ar, os poluentes atraídos durante o inverno permanecem na Antártida até a época de subirem para a estratosfera. Com a chegada da primavera, os raios de sol quebram as moléculas de CFC que estão naquela área, iniciando a reação. No mês de setembro, sobretudo, quase a metade da concentração de O_3 desaparece da atmosfera. Esse fenômeno deixa à mercê dos raios UV 31 milhões de km², uma área maior que toda a América do Sul, ou 15% da superfície da Terra.

Em outras partes do planeta, a diminuição da camada de ozônio também é significativa. Os cientistas observaram que o buraco vem crescendo e que seus efeitos têm se tornado mais evidentes. Recentemente, surgiu um buraco sobre o Polo Norte. Segundo a Organização Meteorológica Mundial (OMM), em abril de 2011, o buraco, sem o Ártico, atingiu seu recorde, chegando a uma redução de 40% da camada de ozônio acima da área. A OMM acredita que substâncias que destroem a camada de ozônio, como os CFCs, continuam a ser emitidas. Calcula-se que, atualmente, os Estados Unidos, a maior parte da Europa, o norte da China e o Japão já perderam entre 3% e 7% da camada de ozônio sobre eles. Segundo o Instituto Nacional de Pesquisas Espaciais (Inpe), no Brasil, a camada de ozônio diminuiu pouco menos de 5% do seu tamanho original.

O buraco na camada de ozônio fixou-se sobre a Antártida – glaciar de Perito Moreno, Calafate, Patagônia Argentina, Círculo Polar Antártico.

Efeitos

A consequência mais grave da maior exposição aos raios UV para os humanos é o câncer de pele, doença que mata milhares de pessoas por ano em todo o mundo. O Programa das Nações Unidas para o Meio Ambiente (PNUMA) calcula que cada 1% de perda da camada de ozônio cause 40 mil novos casos de câncer de pele e 100 mil novos casos de cegueira provocada por catarata, em todo o mundo. A radiação UV afeta também o sistema imunológico, minando a resistência humana a doenças como o herpes. Suspeita-se também que o aumento dessa radiação possa diminuir a eficácia das vacinas.

Níveis mais altos de radiação podem trazer efeitos significativos para os ecossistemas. Na região dos trópicos, por exemplo, onde uma camada mais fina de O_3 e a alta incidência de luz solar resultam em dosagens mais fortes dessa radiação, alguns tipos de árvores têm seu desenvolvimento prejudicado. Podem ocorrer também outras mudanças, como atraso no período de brotamento das flores, distribuição anormal e mudanças na estrutura das folhas ou alteração no metabolismo das plantas. A produção agrícola seria então afetada da mesma forma, reduzindo a oferta de alimentos.

A vida marinha também está seriamente ameaçada, especialmente o plâncton – plantas e animais microscópicos que vivem na superfície do mar. Esses organismos minúsculos estão na base da cadeia alimentar marinha e absorvem mais da metade das emissões de um dos principais gases-estufa, o CO_2.

Estilo de vida

Nos últimos anos tentou-se evitar ao máximo a utilização do CFC. O Protocolo de Montreal, proposto em 1987 e assinado por 183 países, determinou a substituição total dos CFCs até 2011. No Brasil, já em 1988 foi proibida a fabricação e a comercialização de produtos cosméticos, de higiene, perfumes e saneantes domésticos sob a forma de aerossóis que contivessem propelentes à base de CFC. Mas, apesar do Protocolo de Montreal, muitos países ainda usam essa substância e, embora os aerossóis não contenham mais CFC, outros produtos, como refrigeradores e condicionadores de ar, ainda o fazem. De acordo com Núbio Tupinambá, pesquisador da Universidade Federal do Rio de Janeiro (UFRJ), "as ineficientes tentativas de se diminuir a produção de CFC, devido à dificuldade de se substituir esse gás, principalmente nos refrigeradores, vêm fazendo que o buraco continue aumentando, prejudicando cada vez mais a humanidade".

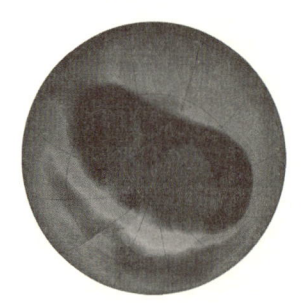

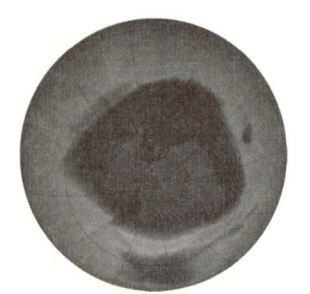

Fonte: Nasa Ozone Watch

O buraco na camada de ozônio em 21 de setembro de 2007 (esq.) e em 21 de setembro de 2011 (dir.).

capítulo 6
A praga humana

Muito se tem falado da necessidade de descarbonizar nosso estilo de vida para se poder reverter o grave problema do aquecimento global. A principal pauta das reuniões, conferências, debates e *workshops* sobre a crise ambiental tem sido a descarbonização. De acordo com depoimento de Carlos Nobre, referência mundial em mudanças climáticas, membro do IPCC e pesquisador do Inpe, "a descarbonização da sociedade é imprescindível e precisa ser conseguida com o apoio dos governos, que devem criar leis, impostos e regras nesse sentido".

A descarbonização é, portanto, uma medida fundamental a ser adotada para desarmar a bomba-relógio que nós mesmos construímos para detonar sobre o planeta. No entanto, isoladamente ela não bastaria para desligar o mecanismo desse fenômeno cataclísmico. Na verdade, o problema do aquecimento global é composto de diversos fatores que, em conjunto, estão levando o planeta ao caos. A emissão de CO_2, o desmatamento e a consequente destruição de biomas preciosos e produção de diversos tipos de lixo, bem como de substâncias tóxicas, estão no topo da lista de ameaças ao equilíbrio global.

Se reduzíssemos essa catastrófica equação a um único fator, todos concordaríamos que o X da questão é a superpopulação. Por definição, superpopulação acontece quando o número de indivíduos excede a geração de recursos naturais disponíveis. E isso está acontecendo em escala global.

Mas o problema da superpopulação tem sido deixado de fora dos debates ambientais. Trata-se, pois, de tema delicado, permeado por questões éticas e que se choca com preceitos da maior religião do globo, a cristã, e encontra severas restrições nos dogmas da segunda maior fé do planeta, o islamismo. Entretanto, tão ou mais premente que a descarbonização, a contenção do desflorestamento e a adoção de métodos mais eficientes para tratar o lixo é o enfrentamento do problema da superpopulação.

Panela de pressão

A população mundial aumenta em 78 milhões de pessoas todos os anos. Nas duas últimas décadas, o número de homens e mulheres aumentou em 34%. De acordo com a ONU, a população humana é tão grande que, nos atuais níveis de consumo, os recursos necessários para sustentá-la excedem os disponíveis.

Tempo decorrido para aumento populacional em 1 bilhão de habitantes

Ano	População	Tempo decorrido
1802	1 bilhão	98.200 anos
1928	2 bilhões	126 anos
1961	3 bilhões	33 anos
1974	4 bilhões	13 anos
1987	5 bilhões	13 anos
1999	6 bilhões	12 anos
2012	7 bilhões	13 anos

Fonte: Age Structure of the World – CIA World Factbook, 2006

Mas enquanto o número de humanos aumenta, a quantidade de terra disponível por pessoa diminui. Os 19,5 acres *per capita* de 1900 foram reduzidos, em 2005, para 5 acres e, segundo projeções, devem reduzir-se a 4 acres por pessoa em 2050. E quanto mais gente, mais recursos naturais são consumidos. E quanto mais isso acontece sem que os recursos sejam repostos, maior a degradação ambiental. Já consumimos metade da produtividade biológica da Terra: atingimos proporções de calamidade.

No atual ritmo de consumo, poderá haver um colapso global de todas as espécies pescadas industrialmente. Isso porque retiramos dos mares 250% mais do que os oceanos podem produzir.

Por conta do desflorestamento para dar lugar a plantações e criações de gado e da poluição resultante de nossas atividades, as espécies estão sendo extintas cem vezes mais rapidamente do que a taxa indicada nos registros fósseis. Nos últimos cinquenta anos, para produzirmos alimentos, nos abastecemos de água, madeira, fibras e combustíveis, modificamos mais ecossistemas do que em todo o período anterior da existência do *Homo sapiens* – cerca de 100 mil anos. Aproximadamente 60% dos ecossistemas restantes estão sendo degradados ou explorados de forma insustentável. Os aquíferos de pelo menos quinze países estão se exaurindo.

Projeções feitas pela ONU indicam que, entre 2007 e 2050, o mundo terá de suprir as necessidades de 11,9 bilhões de pessoas. Até lá, só nos países pobres, as estimativas indicam que a população deverá aumentar 60%, dos atuais 4 bilhões para mais de 6,5 bilhões.

Ideias retrógradas

Quando a Bíblia mandava "crescer e multiplicar", a medicina não estava desenvolvida a ponto de diminuir a taxa de mortalidade. Não havia antibióticos, cirurgia, nem grande oferta de alimentos. Ao se somar uma antiga orientação religiosa, há muito enraizada nos valores de nossa civilização, a uma ciência que influi em tal regra, o resultado pode ser desastroso. Num momento histórico em que a humanidade tem de parar de crescer para salvar não só a si mesma, mas toda a vida do planeta, a proibição ao uso de contraceptivos pela Igreja Católica se mostra tão retrógrada quanto a imposição da burca pelo Talibã às mulheres afegãs.

Outro sério problema cultural que leva irremediavelmente aos filhos indesejados é o baixo *status* social da mulher em certos lugares. De acordo com o Guttmacher Institute, uma organização sem fins lucrativos sediada em Nova York que pesquisa a saúde reprodutiva humana nos países em desenvolvimento, mais de 100 milhões de mulheres casadas não usam qualquer método contraceptivo. Nesses países, mais de um terço das gestações são indesejadas. Os maiores motivos para tanto são a falta de informação e a falta de métodos contraceptivos. Todos os anos, a baixa oferta de serviços de saúde reprodutiva leva 500 mil mulheres a morrer em decorrência de complicações do parto. A cada minuto, em todo o globo, quarenta mulheres estão fazendo um aborto ilegal. Segundo a ONG norte-americana Population Media, das cerca de 210 milhões de mulheres grávidas no mundo, por volta de 80 milhões (38%) não planejaram engravidar e aproximadamente 46 milhões (22%) acabarão abortando. A grande maioria de mulheres sem acesso a esse item vital de saúde pública está na África Subsaariana. A África, vale lembrar, tem a maior taxa de fertilidade da Terra.

Sexo frágil

Em muitos países africanos, asiáticos, latino-americanos e até em certos contextos brasileiros, a mudança cultural mais premente é a necessidade de aumentar o *status* social da mulher, que deve tomar parte nas decisões familiares e no planejamento familiar. De acordo com a Population Media, nos países em desenvolvimento, mais de 200 milhões de mulheres gostariam de adiar sua gravidez ou não ter mais filhos.

No mundo todo, milhões de meninas não recebem educação formal, pois em suas culturas "as mulheres não precisam estudar". A tradição ou a religião em que estão inseridas limita brutalmente sua participação nas esferas sociais. Destinadas a cuidar da casa e dos filhos, quase sempre são obrigadas a casar ainda na adolescência. Por serem condenadas à ignorância, não usam métodos anticoncepcionais, gerando um filho atrás do outro.

As estatísticas demonstram que quando uma menina aprende a ler, ela se casa um pouco mais tarde, tem menos filhos, busca garantir educação formal a eles, gera renda para sua família e participa mais produtivamente da vida de sua comunidade. O analfabetismo, por outro lado, leva à pobreza e à miséria – causas primeiras da violência e dos abusos contra as mulheres.

Desarmando a bomba

Um debate infindável tem sido promovido em torno do prazo que temos para reduzir o crescimento populacional a zero e evitar as graves consequências ambientais, políticas e econômicas. Alguns cientistas afirmam que a capacidade da Terra de sustentar a vida é bem inferior aos atuais 6 bilhões de seres humanos que povoam o planeta. Outros, mais otimistas, acham que ela suportaria até 8 bilhões. Poucos acham que a biosfera sobreviveria se dobrássemos o atual número de representantes da nossa espécie.

Para atingirmos rapidamente o crescimento populacional zero, temos antes de conquistar uma taxa de fertilidade negativa. Isso significa menos de dois filhos por casal. Mas, mesmo que as autoridades começassem imediatamente a tomar providências para resolver o problema da superpopulação, isso não impediria que número de pessoas no planeta continuasse a crescer. Por conta da estrutura etária da população mundial, uma queda imediata na taxa de fertilidade não levaria, nos próximos cinquenta anos, a um declínio demográfico. A alta taxa de fertilidade gerou, na maioria dos países subdesenvolvidos, grande número de mulheres em idade reprodutiva, que continuarão a ter filhos na próxima década e meia.

Mas, mesmo sendo a superpopulação um dos problemas mais sérios que a humanidade enfrenta hoje, o investimento – tanto financeiro como em termos de estudo estratégico – realizado em escala global visando a reverter o problema não corresponde à gravidade da situação. Juntas, as nações desenvolvidas destinam menos de 1 bilhão de dólares à assistência ao planejamento familiar. Esse valor equivale à metade do custo de um avião invisível, o B2 Spirit Stealth Bomber desenvolvido pelo Pentágono.

Já em 1994, na Conferência Internacional sobre População e Desenvolvimento da ONU, os participantes se comprometeram a mover esforços no sentido de disponibilizar serviços de planejamento familiar para toda a população até 2015. A oferta desses serviços – por exemplo, exames pré-natais, informação e fornecimento de métodos anticoncepcionais, assistência social – é a intervenção mais eficiente para desacelerar a explosão populacional. Melhores contraceptivos e planejamento familiar têm ajudado a diminuir a taxa de fertilidade em diversas sociedades. Os programas de planejamento familiar foram responsáveis por pelo menos 40% da diminuição da taxa de fertilidade nos países desenvolvidos. Estudos demonstram que, no mundo em desenvolvimento, o planejamento familiar pode evitar 25% das mortes decorrentes de complicações da gravidez.

Em 1972, o governo da Tailândia implementou um programa de planejamento familiar que teve sucesso em controlar a explosão populacional. Do momento da sua implantação até 2010, a previsão era que o programa evitaria 16,1 milhões de nascimentos, economizando 11,8 bilhões de dólares em serviços sociais. Cada dólar investido no programa renderia ao governo daquele país uma economia de 16 dólares.

Outra medida necessária para exorcizar o fantasma da superpopulação passa pela regulamentação do aborto. Apesar de polêmico, o acesso ao aborto seguro e legal é necessário para o controle da natalidade. Cerca de 12% das mulheres grávidas da África abortam usando métodos ilegais. Na América Latina, 23% das grávidas abortam e na Ásia oriental, inclusive China e Japão, o número é ainda maior: 30%. Sem os 46 milhões de abortos anuais, a população mundial seria ainda mais numerosa. Mas os riscos que as mulheres correm ao buscar clínicas de aborto clandestinas são muito altos. Cerca de 41% dos abortos realizados no mundo todo são feitos em condições inadequadas e representam 13% das mortes maternas. Esses números devem ser considerados no processo de tomada de decisão dos líderes mundiais. Se uma parcela tão elevada de mulheres busca controlar a taxa de natalidade dessa forma, proibi-las seria condená-las a enfrentar abortos em condições arriscadas e insalubres ou a carregar o peso de ter um filho sem ter condições de criá-lo.

Contudo, para se implementar o planejamento familiar e o acesso ao aborto em escala global faz-se necessário que haja mudanças nas normas culturais. E mudanças culturais não são obtidas de um momento para outro. Às vezes, é necessário o período entre uma e outra geração para que um hábito arraigado seja transformado.

O primeiro passo para se concretizar a mudança cultural é disponibilizar às mulheres trabalho fora de casa, bem como sua aceitação nos locais de trabalho. Também é imperativo que tanto meninas quanto meninos tenham acesso à educação, não só ao ensino fundamental, mas também ao médio. Para tanto se fazem necessárias leis que combatam o trabalho infantil e a exploração das crianças por seus pais ou responsáveis, assim como mudanças nas normas culturais e legais com relação à idade mínima permitida para o casamento. Isso tudo deve ser apoiado por campanhas de informação que divulguem e incentivem o uso de métodos contraceptivos seguros – visando também a sanar a desconfiança masculina de que suas mulheres se tornarão infiéis ao usarem anticoncepcionais.

Há muito a ser feito, e o tempo é curto. Conforme colocou o ativista ambiental norte-americano John Feeney, implementar ações que solucionem o impasse da superpopulação "exigirá que todos nós nos tornemos ativistas e que nossos líderes baseiem suas decisões não no interesse corporativo, mas na saúde da biosfera". Fica a pergunta: será que a humanidade tem capacidade de atingir esse nível de comprometimento em prol do coletivo?

Impactos

capítulo 7
A exemplo dos gafanhotos

A abundância de recursos que a Terra nos oferece é prodigiosa – tanto em matérias-primas como em alimentos. Sua fertilidade foi reconhecida pelos homens primevos como um atributo divino, levando-os a ver a Terra como uma deusa-mãe provedora de sua grande família de seres. Com o tempo, a humanidade aprendeu modos de retirar maior quantidade de alimento do solo e, a partir do século XX, novas tecnologias maximizaram a produtividade, criando uma verdadeira cornucópia.

O consumo de cereais mais do que dobrou desde 1970, e o de carne triplicou desde 1960. O produto da pesca cresceu mais de seis vezes em escala global entre 1950 e 1997. Essa explosão na produção de alimentos, tão significativa que veio a ser chamada de Revolução Verde, se deveu, principalmente, ao aumento da produtividade, isto é, estamos tirando mais quantidade do mesmo solo que sempre nos serviu. Em outras palavras, estamos forçando a produção. E já estamos no limite.

O Instituto de Recursos Mundiais (WRI, na sigla em inglês) divulgou que em 1999 a agricultura usou o equivalente à metade de todo o fertilizante produzido desde 1984. Segundo o jornalista Washington Novaes, "os padrões de produção e consumo no mundo, hoje, estão 20% acima da capacidade de reposição da biosfera".

Impacto ambiental

O ato de comer tem efeitos consideráveis sobre vários problemas ambientais. O impacto exercido pela produção dos nossos alimentos sobre as outras espécies é dramático. O uso de fertilizantes e os dejetos das criações de gado contribuíram para que os níveis de nitrogênio mais do que dobrassem desde a década de 1940. A transformação na composição química natural da atmosfera e dos solos está ajudando a deteriorar a camada de ozônio – um dos fatores a provocar o aquecimento global que enfrentamos.

A água é um fator vital para a continuidade do crescimento agrícola. Em um grande número de países, há cada vez menos água disponível para a agricultura. Como muitos desses países são pobres, a tendência é de que venham a ser – se já não são – flagelados pela fome. Para agravar o quadro, a poluição da água causada pela agricultura, por conta da destruição do solo e do uso de pesticidas e fertilizantes, é maior do que toda a causada pelas indústrias e cidades, combinadas.

A distribuição de alimentos é outro fator a causar poluição. A satisfação da demanda privilegiada por vegetais fora de estação ou exóticos é um negócio lucrativo, mas ambientalmente negativo: o custo ecológico do transporte é alto; e alimentos importados consomem grandes quantidades de combustível fóssil para chegar aos mercados-alvo.

Há ainda o problema da área agrícola. A quantidade de terras que precisamos para produzir nossos alimentos é enorme. Cerca de 26% das terras do planeta, aproximadamente 3,3 bilhões de ha, são usados para agricultura e pecuária. Essas plantações e criações ocupam o espaço que já foi coberto por 33% das florestas temperadas e tropicais e 25% das pradarias naturais. Os ecossistemas destruídos são *habitat* de diversas espécies animais e vegetais, as quais, sem ter como sobreviver longe do ambiente onde se desenvolveram, acabam extintas. De fato, a destruição de *habitat* é o principal motivo da ameaça de extinção de grande parte da biodiversidade que está sendo varrida da face da Terra. Depois que os *habitat* são destruídos, dando lugar à terra agricultável, o solo também é afetado.

De acordo com a ONG Save the Earth Foundation, a cada ano, a camada superior de solo perdida por conta da agricultura é de 26 bilhões de toneladas. Esse é um recurso que não se renova facilmente. O tempo necessário para se formar uma camada de 2,5 cm de terra fértil é de duzentos a mil anos. A perda de solo está levando muitos lugares outrora férteis a se tornarem desertos. A desertificação, isto é, o empobrecimento de ecossistemas áridos, semiáridos e subáridos pelo impacto das atividades humanas, é um dos fatores que causam o aquecimento global. É responsável também por colocar em movimento a maior massa migratória de que se tem notícia na história. São populações inteiras em marcha atrás de comida, deixando atrás de si um rastro de morte.

O uso intensivo da terra fez que a desertificação se espalhasse amplamente em muitos países. As regiões mais afetadas pelo fenômeno – o oeste norte-americano e certas áreas da América Central e do Sul, da Austrália e a África Subsaariana – são áreas produtoras de gado. Como se sabe, a criação de animais para consumo humano, principal causa da desertificação, tem sacrificado ainda mais recursos do planeta que a agricultura.

A carnificina da carne

No Ocidente, depois da Segunda Guerra Mundial, a dieta composta principalmente de alimentos de origem vegetal deu lugar a outra à base de produtos de origem animal. Em 1985, os norte-americanos consumiam apenas a metade dos grãos e batatas dos quais se alimentavam na virada do século, mas 33% mais lacticínios, 50% mais carne bovina e 280% mais frangos. O resultado foram as chamadas "doenças da abundância", isto é, males cardíacos, câncer e diabetes – aliás, as principais causas de morte nos países ricos.

O significativo aumento na produção de grãos, como resultado do uso de fertilizantes e pesticidas, não foi repassado para os que têm fome, mas destinado à criação de animais. Quase metade dos cereais produzidos no Brasil se destina a alimentar animais de criação. No mundo todo, 34% dos grãos produzidos são reservados aos animais criados para abate, e o consumo de grãos pelo rebanho animal está aumentando duas vezes mais rapidamente do que o humano.

A produção de ração para os diversos tipos de gado é um processo que requer intenso consumo de energia. Os agricultores precisam bombear água, arar, cultivar e fertilizar os campos; depois, colher e transportar a colheita. Um relatório do Worldwatch Institute – ONG com sede em Massachusetts, nos Estados Unidos, que analisa dados ambientais para construir uma sociedade sustentável – afirma que "o petróleo é usado na indústria da carne como combustível para transporte e tratores, nos fertilizantes químicos e nos pesticidas de tal maneira que os produtos animais podem ser considerados subprodutos do petróleo". A enorme quantidade de água consumida na produção de alimentos para o gado também contribui para a escassez de água no mundo todo.

A criação de animais para corte é, portanto, uma atividade econômica voltada para um mercado restrito. O planeta simplesmente não tem como produzir carne para toda a humanidade. Lester Brown, do Worldwatch Institute, escreveu que "alimentar a população do mundo atual com uma dieta baseada no estilo norte-americano requereria 2,5 vezes a quantidade de grãos que os agricultores mundiais produzem para todos os fins; um mundo futuro com 8 a 14 bilhões de pessoas alimentando-se com a ração norte-americana de 220 g diários de carne gerada a partir do consumo de grão não passa de um voo da fantasia".

Além da fome que uma parte da humanidade tem de enfrentar para que a outra se alimente à base de suculentos filés, a quantidade de terra que a pecuária demanda é enorme – como já dito, maior ainda do que a usada pela agricultura. Apenas nos Estados Unidos, 64% das terras agrícolas são destinadas a produzir alimento para o gado. No Brasil, 44% das áreas agricultáveis têm o mesmo fim. Ao contrário do que acontece em nosso país e na Argentina – grandes produtores mundiais que criam seu gado livre e ao sol alimentando-se em grandes pastagens – em muitos países, principalmente os europeus, cada vez mais os animais são criados confinados, alimentando-se e vivendo em condições artificiais e extremamente cruéis. Hoje, as fazendas de corte se assemelham mais a fábricas ou, sob o ponto de vista dos animais, a campos de extermínio.

Além da crueldade com os animais e da injustiça com a população de humanos famintos, o consumo de carne também contribui para o aumento do calor no planeta. De acordo com um relatório da ONU divulgado em 2006, a pecuária é responsável por 18% das emissões mundiais de gases-estufa. Esse número inclui a transformação de florestas em pastos. Só na Amazônia, a causa de 70% do desflorestamento é a derrubada de matas nativas para dar lugar a pastagens. Segundo o livro *Our Food Our World*: the Realities of an Animal-Based Diet [Nossa alimentação, nosso mundo:

realidades da dieta carnívora], publicado pela Save the Earth Foundation, a cada ano cerca de 200 mil km² de florestas tropicais são destruídos de forma permanente, ocasionando a extinção de aproximadamente mil espécies de plantas e animais. Na América Central as fazendas de gado obliteraram mais florestas do que qualquer outra atividade. Cerca de 25% das matas nativas foram destruídos para este fim. E com a desertificação resultante, as novas terras logo deixam de ser produtivas. Só no Brasil, cerca de 90% dos novos fazendeiros da Amazônia abandonam as terras em menos de oito anos.

Quantidade (kg) de grãos e soja necessários para produzir 1 kg de carne	
Bovina	7,2
Suína	2,7
Ave (frango)	1,3

Fonte: Worldwatch Institute

A criação de animais também desempenha papel proeminente na poluição da água. O enorme número de cabeças de gado produz uma quantidade alarmante de estrume. Para se ter uma ideia, os resíduos produzidos por um rebanho de 10 mil bovinos equivalem aos de uma cidade de 110 mil habitantes. O nitrogênio proveniente dos dejetos é convertido em amônia e nitrato e se infiltra nas águas do subsolo e da superfície, poluindo poços, contaminando rios e riachos e matando a vida aquática. Conforme a Agência de Proteção Ambiental dos Estados Unidos (EPA, na sigla em inglês), cerca da metade dos poços e todos os córregos daquele país estão contaminados por poluentes oriundos da agropecuária. Na Holanda, os 14 milhões de animais que ocupam os estábulos produzem tanto esterco que o nitrato e o fosfato saturam camadas da superfície do solo e contaminam irremediavelmente a água. Segundo o Instituto Nacional de Saúde Pública e Proteção Ambiental holandês, a amônia proveniente da indústria de criação de animais é, sozinha, a maior fonte de deposição ácida nos solos daquele país, provocando mais prejuízos que os automóveis e as fábricas.

Quantidade (litros) de água necessária, na Califórnia, para produzir 1 kg de produto	
Tomate	39
Alface	39
Batata	41
Trigo	42
Cenoura	56
Maçã	83
Laranja	111
Leite	222
Ovos	932
Carne de frango	1.397
Carne suína	2.794
Carne bovina	8.938

Fonte: Worldwatch Institute

O fantasma da fome

Entre as décadas de 1970 e 1990, a proporção de pessoas malnutridas caiu de 37% para 18% em todo o mundo. Mesmo no Brasil, onde a fome assombra um número considerável de pessoas, há abundância de alimentos. A agricultura brasileira, nas três últimas décadas, experimentou um processo de grande transformação. Com a melhora da produtividade, o rendimento passou a superar a área cultivada. Entre as décadas de 1940 e 1980, o crescimento da produção foi superior ao crescimento da população.

Mas a fome continua a ser um fantasma que assombra a humanidade. Hoje, ainda estamos longe de atingir a Meta de Desenvolvimento do Milênio proposta pela ONU: diminuir pela metade a fome no mundo até 2015. Apesar de os índices de fome terem diminuído, o aumento da população ainda mantém elevado o número de pessoas que sofrem desse mal em todo o planeta. Em 1990, embora as estatísticas mostrassem uma redução considerável na pobreza global, o número de famintos chegava a 18 milhões.

Desde então, a cifra disparou. De acordo com a Organização de Alimentos e Agricultura da ONU, em 2003, 842 milhões de pessoas não tinham o suficiente para comer – cerca de 30% delas na África Subsaariana.

A fome e a malnutrição matam 10 milhões de pessoas por ano, ou 25 mil por dia, ou uma vida a cada cinco segundos. No continente africano, cerca de um em cada quatro seres humanos é subnutrido. Na Ásia e no Pacífico, 28% da população passa fome. No Oriente Próximo, um em cada dez padece com a falta de alimentos. Na América Latina, o índice é de uma em cada oito pessoas. No Brasil mais de 30 milhões de pessoas são classificadas como indigentes pelas estatísticas oficiais. A fome crônica afeta mais de 1,3 bilhão de pessoas, segundo a Organização Mundial da Saúde.

Infelizmente, esses índices trágicos têm mais a ver com política do que com capacidade de produção. De fato, o mundo produz o bastante para alimentar todos os seus habitantes. Mas os alimentos, muitas vezes, não chegam a quem precisa, ou se perdem por causa de armazenamento inadequado. O desperdício é crônico.

A comida no futuro

Como vimos, a produtividade agropecuária que atingimos é impressionante. Apesar de a população mundial ter dobrado nos últimos quarenta anos, atingindo 6 bilhões de habitantes, a produção de alimentos atendeu mais do que satisfatoriamente às necessidades da humanidade. No entanto, de acordo com a ONU, o mundo precisa aumentar a produção de comida em 60% nos próximos trinta anos para suprir as necessidades impostas pelo crescimento da população.

O que vai acontecer no futuro? Na verdade, ninguém sabe ao certo. Um pequeno aumento na temperatura poderia beneficiar a agricultura dos países ricos localizados na zona temperada, mas prejudicaria demais a lavoura das nações em desenvolvimento. Por outro lado, conforme previsão feita em 1995 pelo Worldwatch Institute, "a combinação da demanda continuamente crescente com a diminuição da base de recursos pode levar da estabilidade para a instabilidade, ao colapso quase da noite para o dia". Segundo o Instituto Internacional de Pesquisa sobre Política Alimentar (IFPRI, na sigla em inglês), o futuro da produção de alimentos está ameaçado. Para os técnicos do IFPRI, em muitos países desenvolvidos é pouco provável que o aumento na produção de alimentos mantenha-se à mesma proporção que o aumento na demanda por comida. O *buraco da comida*, como denominaram o *deficit* de alimentos, pode ficar bem mais fundo nos próximos 25 anos.

A possível transformação de um mundo movido a combustíveis fósseis em um movido a biocombustíveis também é uma ameaça ao abastecimento da dispensa humana. Com a promessa dos biocombustíveis e o consequente aumento da área agrícola destinada ao cultivo de cana-de-açúcar, desabou uma avalanche de críticas afirmando que isso pode prejudicar a produção de alimentos ou concorrer com outras culturas.

O aumento da população, estimada em 9 bilhões de pessoas em 2050, colocará uma pressão ainda maior sobre a área agricultável, uma vez que ela é limitada. Serão necessárias novas tecnologias para garantir maior produtividade das lavouras.

James Lovelock defende o uso de implementos agrícolas para aumentar a produtividade. Dessa forma, o desflorestamento para abrir novas áreas agricultáveis diminuiria. O cientista britânico – para quem comer produtos orgânicos não é ecológico, pois demandam área maior para o cultivo – defende também a introdução de alimentos transgênicos para garantir o aumento da produção e, ao mesmo tempo, diminuir seu impacto ambiental.

De fato, uma das promessas para atender o aumento da demanda por alimentos nas próximas décadas é a biotecnologia. Espécies vegetais geneticamente desenvolvidas para serem resistentes à seca ou suportarem melhor as pragas podem garantir uma segunda Revolução Verde.

No entanto, os ambientalistas se opõem ferrenhamente aos transgênicos. Há sérias preocupações com relação ao uso dessa tecnologia. Um dos problemas que já estão sendo causados pelas variedades geneticamente modificadas é a *poluição genética*. Os transgênicos polinizam seus equivalentes naturais, gerando sementes transgênicas. Isso está acontecendo nos milharais de espécies tradicionais vizinhos de plantações transgênicas. Com o pólen dos transgênicos, o milho natural acaba produzindo descendentes transgênicos.

A empresa agrícola Monsanto, dona da patente de certas variedades de milho transgênico, chegou a processar fazendeiros por estarem vendendo um produto que não adquiriram. No entanto, a safra dos agricultores havia sido modificada por polinização natural, graças ao pólen vindo do milho da Monsanto. As espécies geneticamente modificadas poderiam, portanto, alterar irremediavelmente as espécies naturais.

Como se vê, apesar de a resposta à produção das nossas necessidades de alimentos por parte do planeta ser surpreendente, também é imprescindível adotarmos uma agricultura sustentável e uma mudança nos padrões alimentares. Se não considerarmos o impacto ambiental da nossa alimentação, não seremos mais do que uma incrível horda de gafanhotos racionais devorando tudo a sua volta.

capítulo 8
Tesouro desperdiçado

A água é um elemento essencial à existência. A vida se originou na água, e esta constitui a matéria predominante nos organismos vivos. No entanto, esse recurso não estará disponível infinitamente. A quantidade de água existente no planeta não aumenta nem diminui. Acredita-se que a quantidade atual desse precioso líquido seja praticamente a mesma de há 3 bilhões de anos.

Apesar de a hidrosfera, como os cientistas chamam o sistema formado pelas águas, constituir 70% da superfície da Terra, a maior parte da água (97%) é salgada. Apenas 3% são água doce e, desses, só 0,01% vai para os rios, ficando disponível para uso. O restante está em geleiras, *icebergs* e em subsolos muito profundos. Em outras palavras, o que, em tese, pode ser consumido é uma pequena fração.

Embora a água constitua 70% da superfície da Terra, apenas 3% dela são água doce.

A água doce está ficando cada vez mais rara. Atualmente, suas reservas se encontram ameaçadas pela poluição, pela contaminação e pelas alterações climáticas que a humanidade vem provocando. Vivemos em um mundo em que a água, ou melhor, a falta dela, se torna um problema cada vez maior.

A poluição é um dos principais fatores a contribuir com a degradação dos recursos hídricos, da qual o Brasil é um triste exemplo. O país tem 12% da água doce do planeta, mas, embora seja privilegiado no que diz respeito à quantidade, seus rios e lagos vêm sendo comprometidos pela poluição. Na região amazônica e no Pantanal, rios como o Madeira, o Cuiabá e o Paraguai já apresentam contaminação pelo mercúrio, metal utilizado no garimpo clandestino. Nas grandes cidades, a degradação é causada principalmente por despejos domésticos e industriais. Esse problema atinge os principais rios e represas das cidades brasileiras, onde hoje vivem 75% da população.

O crescimento populacional é outro fator crítico no problema de escassez de água. E não se trata só de água para beber. A produção de alimentos absorve uma quantidade impressionante desse líquido. De acordo com a Companhia Ambiental do Estado de São Paulo (Cetesb), são necessárias mil toneladas de água para produzir mil quilos de grãos. Se os governos dos países carentes de água não adotarem medidas urgentes para estabilizar a população e elevar a produtividade hídrica, a escassez de água resultará em falta de alimentos.

A urbanização e a industrialização também aumentam a demanda por água. Com o crescimento das populações urbanas, a necessidade de água para abastecimento doméstico se intensifica. O consumo de grãos e produtos de origem animal, cuja produção utiliza quantidades imensas de água, também aumenta exponencialmente. Some-se a isso a água consumida nos processos industriais, os quais empregam ainda mais água que a urbanização.

Além de problemas como poluição, desmatamento, aumento da população e expansão urbana, a escassez de água no mundo é agravada pela desigualdade social. Nos países do continente africano, a média de consumo de água é de 10 a 15 litros por pessoa. Já em Nova York, há um consumo exagerado de água doce tratada e potável, sendo 2 mil litros por dia disponíveis para cada habitante.

Segundo o Fundo das Nações Unidas para a Infância (Unicef), menos da metade da população mundial tem acesso à água potável. A irrigação corresponde a 73% do consumo de água, 21% vai para a indústria e apenas 6% destina-se ao consumo doméstico. Um bilhão e 200 milhões de pessoas (35% da população mundial) não têm acesso à água tratada. Um bilhão e 800 milhões de pessoas (cerca de 30% da população mundial) não contam com serviços adequados de saneamento básico. E 10 milhões de pessoas morrem anualmente em decorrência de doenças intestinais transmitidas pela água.

A escassez de água deve transpor fronteiras e se tornar motivo de disputa entre nações. Um relatório do Banco Mundial emitido em 1995 alerta para o fato de que "as guerras do próximo século serão por causa de água, não por causa do petróleo ou política". Tendo em vista as previsões, a afirmação não soa exagerada. Em cerca de trinta anos, a quantidade de água *per capita* disponível em países do Oriente Médio e do norte da África estará reduzida em 80%. Prevê-se que, até lá, 8 bilhões de pessoas habitarão o planeta, em sua maioria concentradas nas grandes cidades. Será necessário, então, produzir-se mais alimentos e mais energia, aumentando o consumo doméstico e industrial de água. Essa água será buscada além das fronteiras dos países, com risco de se deflagrarem guerras.

Nas próximas décadas, o aumento da população mundial e o desenvolvimento urbano demandarão ainda mais água.

Possíveis soluções

Um levantamento da ONU aponta duas sugestões básicas para diminuir a escassez de água: aumentar sua disponibilidade e utilizá-la mais eficazmente. Para aumentar a disponibilidade, uma das alternativas seria o aproveitamento das geleiras. A outra seria a dessalinização da água do mar.

Contudo, esses processos são muito caros e tornam-se inviáveis para a maioria dos países assolados pela escassez desse recurso natural. É possível, ainda, intensificar o uso dos estoques subterrâneos profundos, o que implica utilizar tecnologias de alto custo e o rebaixamento do lençol freático.

A proteção dos mananciais que ainda estão conservados e a recuperação daqueles que já estão prejudicados são outras formas de conservar a água que ainda resta. Mas isso só não basta. É essencial que a água seja usada com mais economia. Na agricultura, por exemplo, o desperdício de água é enorme. Apenas 40% da água desviada é utilizada na irrigação. Os outros 60% são desperdiçados por diversos motivos: uso de água em excesso, ou fora do período de necessidade da planta, ou em horários de maior evaporação; uso de técnicas de irrigação inadequadas; ou, ainda, falta de manutenção dos sistemas de irrigação.

Na indústria é possível desenvolver formas mais econômicas de utilização da água com recirculação, ou reúso, isto é, usar a água mais de uma vez – por exemplo, na refrigeração de equipamentos, na limpeza das instalações etc.

Essa água reciclada pode ser usada na produção primária de metal, nos curtumes, nas indústrias têxteis, químicas e de papel.

Nos sistemas de abastecimento de água, uma quantidade significativa da água tratada – 15% ou mais – é perdida por vazamentos nos encanamentos.

Um modo radical de estimular a economia de água é por meio do seu preço. Muitos ambientalistas defendem que os subsídios governamentais ao consumo de água devem ser cortados. Técnicos da Cetesb sugerem aumentar o preço da água para refletir seu custo real. De acordo com essa agência, "a mudança para tecnologias, lavouras e formas de proteína animal mais eficientes em termos de economia de água proporciona um imenso potencial para a elevação da produtividade hídrica, e essas mudanças serão mais rápidas se o preço da água para a utilização industrial e agrícola for mais representativo que seu valor".

A proposta, porém, certamente incidirá de forma negativa sobre as populações carentes, as quais já sofrem com o problema. Como nas outras questões que resultam na crise ambiental, também com relação à água é preciso uma mudança nos hábitos individuais que resultará numa transformação global.

capítulo 9
Paraíso poluído

Poluição química, poluição visual e sonora, poluição de rios, lagos e mares, poluição atmosférica: em pouco mais de dois séculos, as atividades humanas transformaram esse pequeno paraíso do sistema solar num enorme depósito de lixo. Nosso estilo de vida gera subprodutos de todos os tipos, e que comprometem o ambiente. Primeiro, porque muitos deles são produzidos de uma forma que desrespeita o meio ambiente: quase tudo o que fazemos produz poluição. O detergente com que lavamos nossa louça, o sabão em pó para as roupas, o óleo que usamos para cozinhar, os aerossóis que lançamos na atmosfera, os carros que guiamos, o cimento que produzimos para construir nossas casas e muitas outras coisas imprescindíveis ao nosso conforto têm um impacto ambiental tremendamente negativo.

Os diversos tipos de poluição têm envenenado tanto o homem como o meio ambiente. Trata-se de um grave problema mundial que não respeita fronteiras e tende a se intensificar na medida em que o desenvolvimento industrial e a produção agrícola aumentam. A Organização Mundial de Saúde (OMS) estima que os problemas de insalubridade provocados pela impureza da água, pela poluição atmosférica, pelo estresse no trabalho ou pela circulação automobilística matam a cada ano 13 milhões de pessoas no mundo. São mortes que poderiam ser evitadas se vivêssemos num ambiente mais saudável. Os custos dessas doenças são igualmente elevados. A Europa desembolsa, a cada ano, entre 1% e 3% do seu produto interno bruto (PIB) por conta desse problema. Na China, o custo da poluição atmosférica atinge a estratosférica marca de 5% do PIB do país.

Estamos – cada um de nós – ficando mais e mais envenenados. A quantidade de pesticida borrifado nas plantações de todo o mundo aumentou 26 vezes nos últimos cinquenta anos. Hoje, pouquíssimas populações têm seus corpos livres de tóxicos. Na Europa, por exemplo, constatou-se que o leite humano contém níveis de dioxina maiores do que os permitidos para o leite de vaca. Os mares também estão envenenados – e envenenando. A ONG WWF constatou grandes quantidades de dioxina acumuladas na carne das baleias e golfinhos vendida nos mercados do Japão. Os níveis encontrados pela WWF na carne dos mamíferos marinhos à venda nesse país são 172 vezes maiores que os tolerados pelos humanos.

As dioxinas são poluentes comuns, produzidas por diversos processos industriais. Normalmente, são produtos colaterais formados por reações químicas e processos de combustão. Mas elas são tremendamente tóxicas. Podem desencadear desordens cognitivas, imunodepressão, endometriose e outras doenças. As dioxinas pertencem a uma classe de produtos químicos chamada poluentes orgânicos persistentes (POPs). Um problema dos POPs – que, como o nome sugere, são resistentes à degradação ambiental –, é que eles acabam se concentrando na cadeia alimentar. Tendem a se acumular na gordura animal, tornando-se uma ameaça aos que consomem essa carne – tanto humanos como animais. Recentemente, pesquisadores registraram níveis elevados de POPs no Ártico, os quais, embora não sejam emitidos na região, são carregados para lá por correntes aéreas de onde são lançados: Europa, América do Norte e Ásia. No Ártico, congelam-se, poluindo a neve e o gelo e acumulando-se na cadeia alimentar. O problema está afetando também os ursos-polares, prejudicando sua reprodução. E a poluição está aumentando ainda mais nessa área.

Em maio de 2006, a Organização de Estudos Polares informou que cientistas do instituto alemão Alfred Wegener detectaram os maiores índices de poluição atmosférica no Ártico desde 1991. De acordo com as últimas medições, a concentração de partículas de enxofre e fuligem é, atualmente, semelhante às de algumas das ruas mais movimentadas das maiores cidades do planeta. O acúmulo de poluição se deve a uma situação climatológica especial. Apesar de a atmosfera dessa região ser, em geral, muito limpa, grandes quantidades de aerossóis procedentes do Leste Europeu chegam ao Polo Norte durante o verão. Andreas Herber, um dos cientistas da organização, afirmou que isso levou a uma contaminação, em 2006, "2,5 vezes maior que a registrada na primavera de 2000 e, como consequência, detectamos uma alta nas temperaturas".

Campeões de poluição

Um estudo patrocinado pelo Instituto Blacksmith, de Nova York, e pelo Green Cross International (GCI), grupo ambiental suíço, apontou recentemente os lugares mais poluídos do planeta. Zonas industriais no Peru, Índia, China e na antiga União Soviética apareceram em primeiro lugar. De acordo com responsáveis pela elaboração da pesquisa, milhões de pessoas são diariamente ameaçadas por produtos químicos tóxicos nesses locais. A mineração, o "legado de poluição deixado pela Guerra Fria" (leia-se milhares de toneladas de lixo tóxico abandonadas pelo mundo) e a produção industrial não fiscalizada são os maiores responsáveis pela poluição identificada no relatório do Instituto Blacksmith e da GCI.

A base de produção de Tianying, no leste da China, a cidade industrial de Vapi, na Índia, e o povoado mineiro peruano de La Oroya, na região andina, são os lugares mais poluídos do mundo. "Vapi é uma região sufocada por distritos industriais, onde mais de cinquenta fábricas envenenam o solo e os lençóis freáticos com pesticidas, elementos químicos cancerígenos, cromo, mercúrio, chumbo e cádmio", descrevem os autores do documento.

De forma global, a China tem se tornado, cada vez mais, o grande dragão da poluição. Um programa de monitoração da qualidade do ar da OMS classificou recentemente a poluição atmosférica de Pequim, a capital chinesa, como "o caso mais preocupante de todas" as 193 cidades que a organização monitora. Pequim é a única metrópole na qual a concentração de poluentes ainda está aumentando consideravelmente – e numa escala nunca antes vista.

Na verdade, esse fenômeno não se limita só àquela cidade, mas a toda a China. O incrível crescimento econômico chinês, com o consequente aumento do consumo de energia, trouxe sérios problemas de poluição.

A China usa principalmente carvão para gerar energia, uma das formas mais baratas – e sujas – de se produzir combustível para continuar crescendo. Dois terços da energia consumida no país são gerados a partir da queima do carvão. Mas o barato acaba saindo caro. Segundo o Banco Mundial, das vinte cidades mais poluídas do mundo, dezesseis estão na China. Aproximadamente 400 mil chineses morrem todo ano em consequência de doenças relacionadas à poluição do ar. O Banco Mundial avalia os custos anuais com essas enfermidades em 25 bilhões de dólares.

> **Sem consciência**
>
> Hoje, a China já se tornou o maior emissor de CO_2 do planeta. No entanto, o maior poluidor *per capita* continua a ser os Estados Unidos. Estima-se que um norte-americano polua em média cinco a seis vezes mais que um chinês. Enquanto o último emite cerca de 3,5 toneladas de CO_2 por ano, o primeiro emite em média 20 toneladas.

Poluição atmosférica

Se todos os tipos de poluição são prejudiciais à humanidade e ao planeta, é a poluição atmosférica que mais está contribuindo para o aquecimento global. Os gases lançados pelo homem na atmosfera por meio da queima de combustíveis fósseis permitem que a radiação solar penetre na atmosfera, mas retêm grande parte dela, gerando aumento de temperatura. Como já dito, eles agem exatamente como o vidro de uma estufa de flores; por isso, o fenômeno foi apelidado de *efeito estufa*, e os gases que o provocam, como o CO_2, de gases-estufa. Naturalmente, a própria atmosfera do planeta gera um efeito estufa. Este, porém, é positivo, pois evita que a Terra perca calor demais. No entanto, com o aumento das emissões de gases-estufa, o efeito estufa natural se intensifica, provocando o aquecimento global. O resultado é um tremendo desequilíbrio, o qual acabará provocando a extinção de diversas espécies animais e vegetais adaptadas a certos climas específicos.

Mas, além do efeito estufa, os danos à saúde humana provocados pelo envenenamento da atmosfera são tremendos. Em todo o mundo, a poluição do ar causa a morte de um grande número de pessoas. Anualmente, mais gente perece por enfermidades relacionadas à poluição do que em acidentes de trânsito. A OMS estima em 4,6 milhões os óbitos em consequência da exposição a poluentes. Só na Europa, são 310 mil. Apenas em São Paulo, cerca de 2.900 pessoas morrem todos os anos por conta dos tóxicos presentes no ar que respiramos. No Instituto do Coração dessa cidade, de cada cem consultas no pronto-socorro, doze são atribuídas à poluição do ar.

Paraíso poluído: fábrica de celulose em Itararé, Paraná.

Não é exagero afirmar que respirar o ar poluído de grandes cidades do mundo pode ser mais perigoso para a saúde do que ser exposto a altos níveis de radiação nuclear. Um estudo da revista científica *BMC Public Health* concluiu que os sobreviventes do acidente na usina nuclear de Chernobyl, em 1986, e das bombas atômicas que atingiram Hiroshima e Nagasaki, em 1945, sofrem consequências parecidas ou até menos graves do que quem vive em áreas poluídas, fuma ou é obeso. Esse estudo mostra que a população exposta a doses significativas de radiação tem o mesmo risco de morte prematura que aquelas que comem demais ou são sujeitas a longos períodos de fumo passivo.

Cientistas do Imperial College de Londres confirmaram a hipótese da morte prematura por exposição à poluição, num artigo publicado na mesma revista. A equipe analisou as taxas de mortalidade em quatro períodos entre 1982 e 1998, comparando os números com os índices de exposição à fumaça preta e ao dióxido de enxofre presentes no ar dos centros poluídos, e concluiu que até mesmo níveis baixos de exposição à poluição atmosférica podem aumentar o risco de morte prematura. Apesar de a poluição do ar ter diminuído nos últimos anos – ao menos na Inglaterra, onde o estudo foi realizado –, o risco de morte prematura permaneceu. Os especialistas sugeriram que isso pode se dever ao fato de a poluição estar ficando mais tóxica. Nos casos analisados, quando a causa do óbito foi o dióxido de enxofre, o risco de morte prematura por doenças respiratórias aumentou de menos de 10%, nos primeiros anos estudados, para mais de 20%.

Doenças cardíacas também são agravadas pela poluição atmosférica. Um estudo publicado na revista científica *Genome Biology* diz que a poluição ambiental se combina com a gordura nas artérias, elevando a tendência ao desenvolvimento de arteriosclerose – o espessamento e endurecimento das paredes arteriais. A equipe da Universidade de Los Angeles, na Califórnia, que realizou a pesquisa, expôs células das paredes arteriais tanto às partículas de gases emitidos pela combustão de *diesel* quanto à gordura encontrada no LDL, o *colesterol ruim* que causa o bloqueio das artérias. Eles perceberam que um conjunto de genes ligados ao desenvolvimento da arteriosclerose foi ativado nos dois casos. No entanto, as células expostas à poluição e ao colesterol ao mesmo tempo foram mais propensas a desenvolver arteriosclerose.

Outro estudo da Universidade de Washington, divulgado em fevereiro de 2007, observou que a chance de doenças cardíacas em mulheres saudáveis aumentava 76% para cada aumento de 10 µg/m³ no nível de poluentes no ar. Já a morte por doenças cardiopulmonares crescia 6% para a mesma elevação do nível dos poluentes, segundo outros experimentos, feitos pela Sociedade Americana de Câncer.

Também foi constatado que a poluição do ar afeta a reprodução dos mamíferos, alterando a proporção de nascimento de machos e fêmeas. Pesquisadores da Universidade de São Paulo (USP) notaram, numa pesquisa com camundongos, que as partículas suspensas na atmosfera paulistana fizeram que o nascimento de machos fosse 24% menor do que o de fêmeas. Normalmente, entre os mamíferos, a taxa de nascimento de machos é um pouco maior. Nos humanos, ela é de 51,4%. No entanto, a poluição atmosférica está influenciando essa tendência. Nos Estados Unidos, a taxa de nascimento de mulheres vem aumentando 0,1% por ano desde 1970. A diminuição do nascimento de homens é um fato que tem intrigado os pesquisadores das grandes cidades do mundo. Segundo os pesquisadores da USP, ainda não é possível atribuir esse fenômeno apenas à poluição atmosférica, mas eles ressaltam que são grandes os indícios de que ela é uma das causas.

O vilão

A maior parte da poluição do ar é produzida, no mundo todo, pela enorme frota de veículos. Para medir quem mais contribui na emissão de gases de efeito estufa em São Paulo, a prefeitura da cidade encomendou um estudo ao Centro de Estudos Integrados sobre Meio Ambiente e Mudanças Climáticas (Centro Clima) da UFRJ. O relatório, referente ao ano de 2003, demonstra que os maiores vilões da poluição atmosférica são os veículos. A utilização de combustíveis fósseis representa 88,7% das emissões. Entre eles, a gasolina, com 35,7% das emissões, é a que mais contribui para a poluição. São Paulo é uma das poucas cidades do mundo em que quase todos os poluentes (92%) são emitidos por carros, e não por indústrias.

De acordo com a ONG Alpha Nutrition – uma organização sediada nos Estados Unidos que reúne 25 centros de informação médica envolvidos com pesquisa ambiental –, dirigir um carro é a ação individual que mais causa poluição. Cerca de 20% dos compostos jogados no ar pelos carros, motos e caminhões podem ser considerados cancerígenos. Segundo a EPA (Ohio, EUA), a cada ano, um automóvel-padrão norte-americano lança na atmosfera o equivalente ao seu próprio peso em poluentes. As emissões de carros de passeio estão aumentando em todo o mundo, apesar dos esforços para tornar os motores mais eficientes em termos de consumo de combustíveis e da inclusão de conversores catalíticos. O motivo é simples: há cada vez mais carros nas ruas. Em 2004, só os Estados Unidos, o maior poluidor do planeta, lançaram na atmosfera 7 bilhões de toneladas de CO_2. De todos os veículos, os de carga leve – carros, minivans e camionetes – são os que mais poluem. Naquele país, eles respondem por cerca de 60% de todo o consumo de petróleo relacionado ao transporte.

Diante desse quadro aterrador, o uso do carro deve ser revisto. Alguns propõem que andar de carro deveria ser considerado um privilégio, e não um direito de todos. Muito pode ser feito individualmente e o melhor seria evitar ao máximo esse uso. A redução do número de veículos em circulação melhora a qualidade de vida.

Um levantamento realizado pela USP indica que ações como o Programa de Controle da Poluição do Ar por Veículos Automotores (Proconve) e o rodízio tiveram um impacto positivo na qualidade do ar da capital paulista. Apesar de os óbitos indiretamente causados pela poluição ainda serem elevados – cerca de oito por dia –, eles diminuíram consideravelmente após a implementação desses programas. No final da década de 1990, as taxas de mortes resultantes de problemas agravados pela poluição eram maiores, chegando a doze óbitos diários.

Mas as autoridades ainda têm muito a fazer. Especialmente no Brasil, onde o *deficit* no transporte público é comparável ao *deficit* na educação e na saúde públicas. Sem o apoio dos órgãos governamentais, dificilmente esse quadro avassaladoramente pintado pela poluição será revertido.

As cidades mais poluídas do mundo...

1º lugar: Cidade do México
2º lugar: Pequim (China)
3º lugar: Cairo (Egito)
4º lugar: Jacarta (Indonésia)
5º lugar: Los Angeles (EUA)
6º lugar: São Paulo (Brasil)

... e as que têm o melhor ar

1º lugar – Calgary (Canadá)
2º lugar – Honolulu (Havaí)
3º lugar – Helsinque (Finlândia)

Fonte: OMS

capítulo 10
Lixo até o pescoço

Um dos maiores problemas que enfrentamos hoje é o destino dos resíduos gerados pelo nosso consumo, o lixo. É inevitável produzir restos. Todas as sociedades humanas deixaram atrás de si o rastro do seu lixo histórico. Desde os caçadores paleolíticos até a sociedade moderna, essas pilhas de dejetos são verdadeiros tesouros arqueológicos, contando muita coisa sobre a sociedade que os dispôs.

Mas o lixo sempre foi uma consequência malcheirosa e insalubre do nosso sedentarismo, atraindo pestes e degradando o ambiente. No ano 500 a.C., Atenas criou a primeira versão de um lixão municipal, determinando que os restos fossem jogados a pelo menos 1,5 km² das muralhas da cidade. Naquela época, porém, a população de Atenas era de cerca de 100 mil cidadãos. Se calcularmos o número de mulheres e de escravos (quase igual à população livre), chegamos à grosseira estimativa de 300 mil pessoas. E o destino do lixo já preocupava...

Hoje, vivem no mundo cerca de 6 bilhões de pessoas. Não bastasse essa proporção impressionante, nossa economia capitalista se baseia no desperdício. Resultado: a sujeira está literalmente saindo pelo ladrão. Só os norte-americanos produzem 212 milhões de toneladas de lixo por ano, das quais

20% são restos de comida. Em escala global, nas áreas urbanas, cada pessoa gera cerca de 700 g por dia, ou 255 kg por ano. Mas há exceções. Em Nova York a produção *per capita* de lixo chega a 3 kg por dia, enquanto em São Paulo esse número chega a mais de 1,5 kg por dia. No Brasil, são 88 milhões de toneladas de lixo por ano, aproximadamente 470 kg por habitante. Só a cidade de São Paulo joga fora 15 mil toneladas de resíduos diariamente, e o Rio de Janeiro, 8 mil toneladas.

Composição média do lixo domiciliar no Brasil

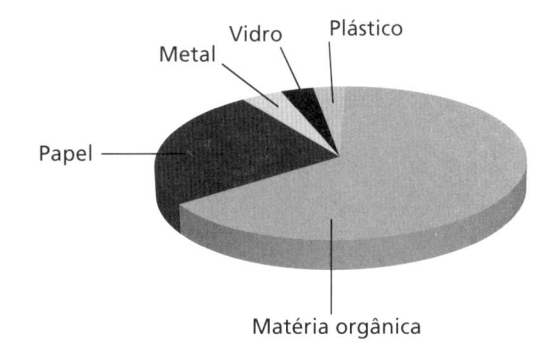

Fonte: Bracelpa

A questão do lixo é mais grave do que se tem consciência. A ONU divulgou que em 2005 a principal causa da epidemia de cólera que se alastrou pela África foram os incontáveis lixões a céu aberto que se espalham por todo o continente. Testemunhas afirmam que em algumas cidades é preciso abrir caminho entre as pilhas de lixo doméstico. Globalmente, uma considerável população, inclusive no Brasil, vive em malcheirosos depósitos dos restos de nosso consumo.

Por mais que se busque esconder o lixo, ele também é uma da piores causas da poluição ambiental. Os aterros sanitários representam a maior fonte de metano produzido pelo homem. A cada ano, eles liberam 7 milhões de toneladas de metano – um gás que reage com o O_3 da atmosfera de forma semelhante aos CFCs, destruindo a ozonosfera. E nem os oceanos escapam da sujeira humana. Calcula-se que, no Pacífico, haja 4,5 kg de resíduos plásticos flutuando no mar para cada 0,5 kg de plâncton.

Para onde vai o seu lixo?

O Brasil, que concentra 3% da população mundial, é responsável por 6,5% da produção de lixo no mundo. Apenas 29% desse lixo vai para aterros adequados. Nos aterros sanitários, o lixo é enterrado de forma a evitar o impacto ambiental negativo. Primeiro, é feita impermeabilização do solo com uma combinação de argila e lona plástica, para evitar infiltração dos líquidos resultantes da decomposição do material orgânico, o chorume. Esses líquidos percolados são drenados através de tubulações e escoados para lagoas de tratamento. Um sistema de tubulação evita o excesso de águas de chuva, desviando-as do aterro. Os gases liberados durante a decomposição são captados e podem ser queimados com um sistema de purificação de ar ou ainda usados como fonte de energia, gerando eletricidade.

Nos aterros controlados, o lixo também é enterrado, mas num local sem impermeabilização de base – o que polui as águas subterrâneas – e sem sistemas de tratamento de chorume ou de dispersão dos gases gerados. Esse método é preferível ao lixão, mas, por causa dos problemas ambientais que causa e dos custos de operação que demanda, é uma solução inferior aos aterros sanitários. Do total de aterros brasileiros, mais da metade (51,5%) não tem impermeabilização, e apenas 21,6% tratam o chorume.

Esses aterros são verdadeiras montanhas de lixo. E como as administrações municipais buscam estender ao máximo sua vida útil, eles podem vir a desmoronar, como aconteceu com o aterro São João, em São Paulo, que veio abaixo em 13 de agosto de 2007, após quinze anos de operação. Quando o aterro esgota sua capacidade, é selado com uma camada de terra de 1 a 1,5 m de espessura. O terreno pode vir a ser ocupado por uma zona verde ou um parque esportivo. Mesmo assim, o lixo enterrado continua a poluir o solo e os lençóis freáticos.

O destino mais comum dos resíduos são os lixões e os aterros precários, ou clandestinos. Segundo Carlos R. V. da Silva Filho, diretor-executivo da Associação Brasileira de Empresas de Limpeza Pública e Resíduos Especiais (Abrelpe), 60% do lixo do país acabam nesses locais inadequados. Neles os resíduos são simplesmente descarregados sobre o solo, a céu aberto, sem qualquer medida de proteção ao meio ambiente ou à saúde pública. Inevitavelmente, os resíduos assim dispostos trazem graves problemas sanitários, resultantes da proliferação de moscas, mosquitos, baratas, ratos e outros transmissores de doenças. A dengue, que tem nos assolado todos os verões desde o início do século XX, é um exemplo. Em 1982, o país registrou 12 mil casos da doença – todos na região Norte. Em 1998, foram mais de 527 mil casos espalhados por todo o Brasil.

A poluição ambiental é exacerbada pelos lixões. O chorume resultante da decomposição de materiais orgânicos contamina o solo e as águas superficiais e subterrâneas da região, comprometendo seus recursos hídricos. Finalmente, o rol da sujeira espalhada pelos lixões inclui a liberação de gases, principalmente o metano, que envenenam a atmosfera. Acrescente-se a esse quadro o total descontrole dos tipos de resíduos recebidos nesses locais e o caos está completo.

Disposição final dos resíduos sólidos urbanos no Brasil

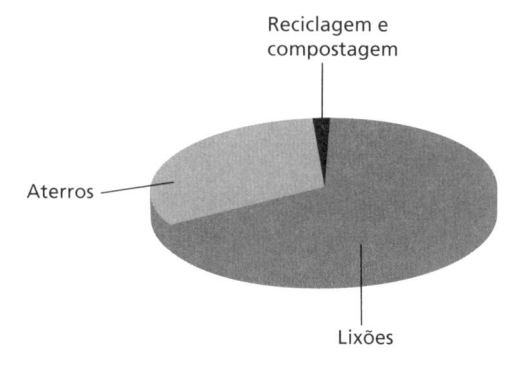

Fonte: Abrelpe e Cempre

Segundo a Associação Brasileira de Empresas de Tratamento, Recuperação e Disposição de Resíduos Especiais (Abetre), no Brasil, são produzidas todo ano 2,9 milhões de toneladas de resíduos industriais perigosos, das quais apenas 600 mil são dispostas de modo apropriado. Do resíduo industrial tratado, 16% vão para aterros, 1% é incinerado e os 5% restantes são coprocessados, isto é, depois de queimados, transformam-se em matéria-prima utilizada na fabricação de cimento.

As histórias sobre dejetos dos serviços de saúde também são de arrepiar. Todos se lembram do caso do catador que, há alguns anos, sofreu intoxicação alimentar por ter comido um seio humano – refugo de lixo hospitalar – que encontrou no lixão onde vivia. Aliás, vale lembrar que, de fato, nesses lugares sórdidos, vivem famílias, muitas vezes criando porcos e galinhas, alimentados com os restos de comida trazidos do lixo.

A recente Pesquisa Nacional de Saneamento Básico (PNSB) feita pelo IBGE mostrou que dos 5.507 municípios brasileiros que coletam diariamente 4 mil toneladas de resíduos produzidos pelos serviços de saúde, apenas 14% tratam o lixo hospitalar de forma adequada. A OMS classifica esse tipo de lixo como "um reservatório de microrganismos potencialmente perigosos".

Reciclagem

O lixo é uma fonte de riquezas. As indústrias de reciclagem produzem papéis, folhas de alumínio, lâminas de borracha, fibras e energia elétrica gerada com a combustão do material. Alguns países renovam recursos com a reciclagem do lixo. O Japão, por exemplo, com sua reduzida área física, é um dos países que mais reciclam: 50% do lixo produzido no país são reaproveitados.

De acordo com a revista *Época*, no Brasil, a cada ano 4,6 bilhões de reais são perdidos por conta da falta de reciclagem, apesar de o país ser um grande reciclador de alumínio. Em 2004, 96% das latas de alumínio produzidas foram reaproveitadas. Mas a reciclagem de vidros, plásticos, tambores de ferro e pneus ainda é muito modesta. Em São Paulo, apenas 1% do lixo é reciclado. Curitiba é a cidade brasileira que mais recicla: 20% de todos os resíduos.

Os catadores, verdadeiros soldados marginalizados do lixo, contribuem com uma significativa parcela no processo de reciclagem dos materiais descartados nas grandes cidades. Para o jornalista Washington Novaes, que foi consultor do primeiro relatório nacional de biodiversidade do Brasil, a situação do lixo só não é pior no país porque temos uma "legião de heróis" na figura dos catadores, que hoje já estão organizados, reivindicando o reconhecimento da profissão. "Se não fossem eles, já estaríamos numa situação dramática", ponderou o jornalista.

Legião de heróis: os catadores desempenham uma função fundamental no processo de reciclagem.

Mas não são apenas materiais como alumínio ou vidro que podem ser reciclados. Por um processo chamado compostagem, a matéria orgânica é convertida em adubo. É uma forma inteligente de transformar o lixo em algo útil, além de reduzir a zero a poluição gerada por sua decomposição. A agricultura compromete anualmente 26 bilhões de toneladas da camada superior do solo, a qual leva entre duzentos e mil anos para se recompor. A produção de composto a partir do lixo devolve à terra os nutrientes perdidos e substitui os fertilizantes químicos. É uma prática comum em muitos países. Na Noruega, que tem um território muito pequeno e exporta o seu lixo para a Suécia, o próprio rei dá o exemplo, fazendo a compostagem do material orgânico nas suas terras, abertas à visitação pública.

Perfil do lixo produzido nas grandes cidades brasileiras

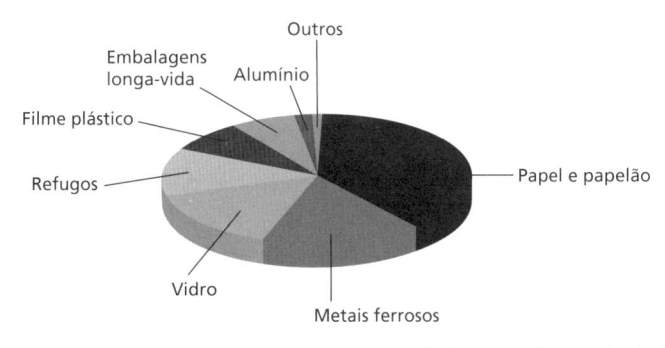

Fonte: O Globo, 12 de janeiro de 2005.

No Brasil, porém, as coisas são diferentes. Segundo o IBGE, existem usinas de compostagem no país, mas a maioria delas está desativada. Trabalhar com lixo não é agradável. Em geral, nas usinas de compostagem, as condições de trabalho são precárias, o local tem aspecto sujo e desorganizado e não existe controle de qualidade do sistema de compostagem, nem do composto a ser utilizado em solo destinado à agricultura.

E-lixo

A indústria de computadores e seus periféricos é uma das que mais consome recursos ambientais, em termos tanto de matéria-prima, como de água e energia. Um PC comum, que pesa em média 24 kg, consome em seu processo de fabricação 1.500 litros de água e pelo menos dez vezes o seu peso em combustíveis fósseis, contribuindo para agravar o aquecimento global. Essa relação, de acordo com um parecer da Universidade das Nações Unidas (UNU), supera a dos automóveis.

A tendência futura é aumentar ainda mais o consumo de PCs. De acordo com a consultoria Forrester Research – uma empresa independente de pesquisa em *marketing* e tecnologia –, em 2015, deverá haver 2 bilhões de PCs espalhados pelo mundo. Hoje, as 50 milhões de toneladas de lixo eletrônico, o e-lixo, geradas anualmente no mundo já representam 5% de todo o lixo da humanidade, segundo estudo da organização ambientalista Greenpeace.

De acordo com a EPA, em 2005, o país gerou 2 milhões de toneladas de sucata eletrônica. Entre 50% e 80% do e-lixo coletado para reciclagem nos Estados Unidos são embarcados para China, Índia, Paquistão ou outros países em desenvolvimento, onde são reutilizados ou reciclados em condições altamente irregulares, frequentemente gerando resultados catastróficos.

A China, que já está superpoluída, vem se tornando rapidamente o maior depósito de e-lixo – o qual contém mais de trezentos tipos de materiais perigosos, como cádmio, chumbo e mercúrio. Uma estimativa informal, citada em um relatório ambiental do governo chinês, sustenta que 80% do e-lixo produzido no mundo é exportado para a Ásia anualmente. A maior parte, cerca de 90%, acaba na China, onde vai para instalações de reciclagem quase sempre carentes da tecnologia necessária para reaproveitar o material. No fim das contas, diversos tóxicos e metais pesados são liberados no ambiente, contaminando rios, poluindo o ar e o solo e prejudicando a saúde humana.

Na Inglaterra, em janeiro de 2007, veio à tona um escândalo sujo. A rede de TV British Sky Broadcasting (BSkyB) revelou a transferência de grandes quantidades de resíduos plásticos do Reino Unido para a vila de Lian Jiao, no sul da China. Lá, operários derretiam o plástico sem nenhuma proteção especial e lançavam os dejetos do processo diretamente nos rios. De acordo com a BSkyB, responsável pelas investigações, só em 2005 os países do Reino Unido despejaram 1,9 milhão de toneladas de lixo na China. O comércio de lixo tóxico ou perigoso é proibido internacionalmente, conforme a Convenção de Basileia, mas muitos países industrializados, no afã de se livrar de seus próprios resíduos, buscam exportar seu lixo de forma clandestina. É um esforço inútil. Apesar de a pressão ambiental estar sendo transferida de um país para outro, as consequências finais afetarão o planeta como um todo. Com a economia que mais cresce no mundo atualmente, a China está sedenta por recursos que impulsionem o país, e a reciclagem é uma fonte alternativa de receita. A demanda chinesa parece ir ao encontro do desejo dos países industrializados de se livrarem do peso do tratamento do lixo – quase sempre uma solução mais cara do que embarcá-los para o exterior.

Especialistas calculam que cada 10 mil toneladas de e-lixo importadas pela China geram mil empregos e economizam 1,2 milhão de toneladas em matérias-primas e 10 milhões de watts em eletricidade, gerando uma produção de 12,8 milhões de dólares. Sem dúvida, é um bom negócio tanto para a China como para o planeta. Os ambientalistas são favoráveis à reciclagem do e-lixo. No entanto, é preciso que o processo cumpra as exigências ambientais. Importar lixo sem supervisão ou controle pode gerar o sério problema da contaminação por esse material.

capítulo 11
O degelo do Ártico

Todos os anos, sobre o oceano Ártico, forma-se durante o inverno uma banquisa que chega a uma extensão de 13 milhões de km², área equivalente a uma vez e meia o território brasileiro. Apesar seu tamanho diminuir no verão, a banquisa nunca chega a derreter totalmente. No entanto, conforme previsto por climatologistas de todo o mundo, o aquecimento global está afetando esse enorme banco de gelo no Ártico e, ao provocar seu derretimento a uma taxa acelerada, está pintando um quadro ainda pior do que o vislumbrado nas previsões iniciais.

A conclusão que salta das páginas do Relatório de Impacto Climático no Ártico (ACIA, na sigla em inglês), produto de quatro anos de trabalho de um grupo de 250 cientistas de diversos países, é de que a mudança climática está afetando o Ártico mais do que qualquer outra região. De acordo com o documento, a região polar está esquentando dez vezes mais que a média mundial. No Alasca, oeste do Canadá e Rússia, as temperaturas médias do inverno aumentaram entre 3 °C e 4 °C nos últimos cinquenta anos e devem aumentar até 13 °C até o final deste século.

O aquecimento global já está afetando os nativos e a exclusiva vida selvagem do Ártico. Além dos esquimós polares, as nações indígenas da região estão assistindo à transformação de seu meio ambiente. Os esquimós desenvolveram uma cultura única. Vivem diretamente sobre o mar, na região do Polo Norte, onde o gelo nunca derrete, alimentam-se de carne crua, uma vez que não há madeira, e muitos dos seus utensílios e suas casas, os famosos iglus, são feitos de gelo ou de diversos materiais (como carne ou couro) congelados. Com a mudança climática, essa cultura, que remonta à paleolítica era glacial, está fadada a desaparecer.

As nações que vivem mais ao sul, numa região mais quente, já estão sendo afetadas. Gary Harrison, chefe do Conselho Athabaskan do Ártico, uma confederação de vários povos nativos do noroeste da América do Norte, relatou ao jornal inglês *The Independent* os problemas que seu povo tem enfrentado. Harrison disse que suas vidas "são constantemente ameaçadas por tempestades e por *permafrost* [terra pantanosa congelada] derretido" e que seu "meio de sobrevivência está ameaçado por causa das mudanças nas plantas e nos animais que [os] alimentam. Até mesmo viajar pode ser mortal, pois as rotas tradicionais de viagem se tornaram muito mais perigosas".

Os cientistas da ACIA produziram diversos modelos computadorizados para projetar o futuro da região e concluíram que, no mínimo, metade do gelo que originalmente permanecia no verão terá desaparecido por volta de 2100. No entanto, alguns modelos apontam para um desaparecimento total da calota de gelo que remanesce no verão. Isso certamente trará consequências devastadoras para grande parte das espécies desse bioma. Focas, morsas e outros animais do Ártico serão extintos. Sem sua fonte de alimentos, o urso-polar e os povos nativos também desaparecerão.

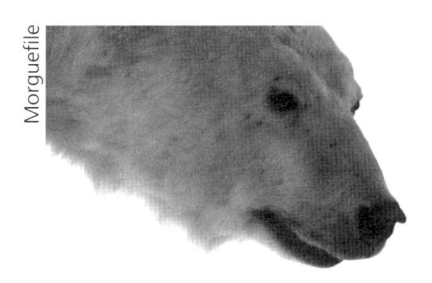

O degelo da grande banquisa do Ártico ameaça a sobrevivência do maior carnívoro da Terra, o urso-polar.

E enquanto isso acontece, os especuladores esfregam as mãos. Ironicamente, as economias dos países do Ártico esperam colher polpudos dividendos com o desaparecimento do gelo no verão. A Rússia, a Groenlândia e o Canadá já traçam planos para a época em que as rotas de navegação da região estiverem abertas durante o ano inteiro. A Rússia, principalmente, já antevê os benefícios que terá ao controlar uma rota marítima que irá encurtar em milhares de milhas a viagem entre o Japão e a Europa. Outra possibilidade de aumento de lucro virá do derretimento do gelo que cobre o Mar de Barents. O correspondente aumento de luz solar e de fitoplâncton nesse mar produzirá uma explosão populacional de espécies pescadas comercialmente, como o bacalhau.

Encolhimento

Cientistas da Universidade do Colorado que monitoram o Círculo Polar Ártico estudaram imagens de satélite e calcularam que a temperatura na região está aumentando a uma velocidade oito vezes maior do que há um século. Se a tendência continuar e todo o lençol de gelo da Groenlândia se descongelar, o nível do mar pode aumentar em até 7 m.

Esse processo de descongelamento já começou. De acordo com estimativas, nos últimos cinquenta anos, o período de derretimento vem se estendendo em cinco dias por década. Hoje, em comparação com a década de 1950, o período de derretimento foi estendido em quase um mês.

A diminuição do gelo já fez sumir uma grande banquisa que se formava no mar da Groenlândia. O Campo de Gelo de Odden, que durante o inverno se estendia por centenas de quilômetros no mar a leste da Groenlândia, já não existe mais. Ele exercia uma força importante no mecanismo de circulação das correntes oceânicas. Quando a água do mar congela, o sal é expulso e retorna à água, provocando um aumento na salinidade. Essa água densa e mais salgada desce ao fundo do oceano, contribuindo para a formação das correntes profundas.

A última vez que o Campo de Gelo de Odden se formou foi em 1997, e seu desaparecimento sugere que o mecanismo de formação de correntes deve ter sido afetado. As correntes marítimas são importantes reguladores da fauna oceânica. O fim do Campo de Gelo de Odden representa menos oportunidade de sobrevivência para diversas espécies do Ártico.

O mar congelado também é um importante regulador do clima. O derretimento desse gelo alteraria não só o regime das correntes, mas também o clima. A Corrente do Golfo, uma corrente quente que se origina do Golfo do México e cruza o Atlântico, tornando os países europeus mais quentes do que seriam sem ela, se tornaria mais fria. Sem a Corrente do Golfo, o Atlântico Norte passaria a congelar no inverno, algo que não acontece hoje.

Outro problema que a diminuição do gelo do Ártico acarreta é a redução da quantidade de luz solar refletida naturalmente pela Terra. Essa capacidade de refletir luz solar, chamada albedo, ajuda o planeta a manter a temperatura num nível ideal. Com a diminuição do albedo, a temperatura média do planeta aumentaria e, consequentemente, mais gelo dos polos se derreteria.

Entre suas muitas consequências negativas, o derretimento do gelo do Ártico também pode liberar na atmosfera quantidades enormes de gás metano acumulado no *permafrost*. Como vimos, o metano é um gás causador de efeito estufa, e seu acúmulo na atmosfera pode acelerar ainda mais o aquecimento global.

Além do encolhimento crescente no verão, a parte remanescente da banquisa do Ártico tem ficado cada vez menos espessa. Dados levantados por submarinos nucleares norte-americanos que monitoram a espessura da camada de gelo no Polo Norte desde a década de 1950 indicam que entre 1958 e 1997 a quantidade de gelo diminuiu 42% na região. Informações coletadas por submarinos britânicos entre 1976 e 1996 revelaram que o gelo do Ártico havia diminuído em 43%. Outras medições mostram que a espessura do gelo que recobre o oceano Ártico diminuiu de 4 m em 1978 para menos de 3 m, atualmente.

Cientistas da Universidade de Cambridge, no Reino Unido, usaram dados obtidos por sonar de submarinos da marinha britânica para demonstrar uma perda de volume ainda mais significativa que a diminuição da área da banquisa. De acordo com os pesquisadores, o Ártico deverá perder ainda mais gelo nos próximos anos. Há um sério agravante nesse fato. A diminuição do gelo em determinado ano é precondição para que o mesmo processo aconteça no ano seguinte de forma ainda pior. Para os cientistas da Universidade de Cambridge, o gelo do Ártico poderá derreter completamente pela primeira vez "bem antes de 2040", conforme prevê o IPCC.

Com efeito, no começo de agosto de 2007, verão no hemisfério Norte, um mês antes de atingir o derretimento máximo esperado, o lençol de gelo sobre o oceano Ártico registrou novo recorde de diminuição. Em meados de setembro, a área de gelo já era 22% menor do que a registrada dois anos antes e 41% menor do que a média mínima entre 1978 e 2000. A banquisa encolheu ao tamanho recorde de 4,13 milhões de km², recuando 1,19 milhão de km² a mais do que no verão anterior, área equivalente equivalente às das regiões Sudeste e Sul do Brasil menos o Rio Grande do Sul. Foi o menor tamanho que a banquisa atingiu nos tempos modernos.

Por conta do calor, no verão de 2007, pela primeira vez, a Passagem do Nordeste, um importante canal mantido aberto no verão por navios quebra-gelo, se abriu completamente para a passagem de navios sem a necessidade de se empregar essas embarcações.

Por causa desse recorde, os cientistas do Centro Nacional de Dados sobre Neve e Gelo (NSIDC, na sigla em inglês) reduziram suas estimativas sobre quando o gelo do Polo Norte irá derreter durante o verão pela primeira vez em 1 milhão de anos. Antes, acreditava-se que isso deveria ocorrer por volta do final deste século, mas para os analistas do NSIDC é possível que em apenas duas décadas o oceano Ártico venha a ficar completamente sem gelo durante o verão.

O IPCC também tem previsão semelhante. Usando uma média obtida de diferentes modelos para prever a perda de gelo no Ártico, ele projeta para até 2040 o derretimento total da banquisa ártica no verão, conforme mencionado.

Wieslaw Maslowski, professor do Departamento de Oceanografia da Escola Naval de Pós-graduação de Monterey, na Califórnia, é mais pessimista. Maslowski, que foi citado pelo ex-vice-presidente norte-americano Al Gore em seu discurso ao receber o Nobel da Paz de 2007, prevê que até 2013 o gelo desaparecerá completamente no oceano Ártico durante os verões. O grupo liderado por esse professor, o qual inclui colaboradores da Nasa, do Instituto de Oceanologia dos Estados Unidos e da Academia Polonesa de Ciências, tem se destacado pelos modelos de computador que vem produzindo.

De acordo com Maslowski, as projeções anteriores subestimaram os processos que estão ocasionando a perda de gelo. O cientista insiste na necessidade de os modelos incorporarem representações mais realistas sobre a forma como a água mais quente dos oceanos Pacífico e Atlântico tem fluído para o Ártico. Para elaborar sua projeção, o pesquisador usou dados que cobrem o período de 1979 a 2004. E por ter de deixar de lado as medidas recordes dos anos de 2006 e 2007, Maslowski acredita que sua projeção pode ser até otimista.

As observações tendem a dar razão a Maslowski. As taxas reais de derretimento do gelo que remanescia no verão estão bem além das previstas pelos modelos.

O fim das geleiras

De acordo com o relatório divulgado em março de 2008 pelo Programa Ambiental da ONU (Unep, na sigla em inglês), os registros produzidos pelo Serviço de Monitoramento Mundial de Geleiras, um centro financiado pelo Unep com base na Universidade de Zurique, na Suíça, revelam que as geleiras continuam a derreter. Os dados coletados em trinta geleiras de nove cordilheiras no mundo todo indicam que entre 2004 e 2006 a média de derretimento e diminuição da espessura do gelo mais do que dobrou. O Unep tem informações sobre a mudança anual da espessura do gelo em mais de cem geleiras do mundo todo desde 1980.

A mudança climática está provocando o desaparecimento das geleiras – glaciar de Perito Moreno, Calafate, Patagônia Argentina.

Para os cientistas do serviço de monitoramento, os últimos números mostram uma clara tendência de aceleração do degelo, "sem fim aparente à vista".

O serviço calcula o espessamento da camada de gelo e sua diminuição em termos de *equivalente de água*. As estimativas para o ano 2006 indicam que o encolhimento das geleiras foi de 1,4 m de equivalente de água contra 0,5 m em 2005.

Desde 1980, a perda total de equivalente de água foi de 10,5 m. Entre 1980 e 1999, a média da perda anual era 0,3 m. Desde a virada do século, porém, essa média tem aumentado em cerca de 1 m por ano. O recorde de perda no século passado foi 0,7 m. Essa marca foi superada três vezes nos seis primeiros anos do século XXI, em 2003, 2004 e 2006.

Em média, 1 m de equivalente de água corresponde a 1,1 m de espessura de gelo. Assim, com as perdas ocorridas, entre 1980 e 2006 a média da espessura do gelo das geleiras de todo o mundo diminuiu em 11,5 m.

As geleiras mais afetadas foram as da Europa. A geleira Breidablikkbre, na Noruega, perdeu 2,9 m de equivalente de água, ou 3,1 m de espessura real. Em 2005, a mesma geleira teve sua espessura diminuída em apenas 0,3 m. Na geleira Ossoue, na França, a perda foi de 3 m. Em outras geleiras monitoradas, porém, não houve perda de equivalente de água tão acentuada. Em 2006, nas Américas do Sul e do Norte e na Ásia, as geleiras tiveram perda semelhante à de 2005.

O gelo que está sumindo representa um recurso natural extremamente importante. Achim Steiner, um alemão nascido e criado no Brasil que detém o posto de diretor-executivo do Unep desde 2006, ponderou que "milhões, se não bilhões, de pessoas dependem direta ou indiretamente dessa reserva de água para beber, para a agricultura, indústria e geração de energia durante grande parte do ano. [...] Há muitos problemas emergindo da mudança ambiental, mas as geleiras estão entre os que mais preocupam, e é absolutamente essencial que todos percebam o que está havendo".

O gelo está sumindo do mundo

Ásia
As geleiras do Himalaia podem desaparecer nas próximas décadas se as atuais taxas de aquecimento continuarem. Mais de 500 milhões de pessoas dependem da água vinda das geleiras e seriam afetadas pelo seu fim. A atual tendência da diminuição do gelo no Himalaia sugere que o Ganges e o Brahmaputra, que estão entre os principais rios da Índia, podem se tornar rios sazonais no futuro próximo, em consequência da mudança climática. O aumento da pobreza é um dos resultados dessa tendência.

América do Norte
O quarto relatório do Grupo de Trabalho II do IPCC prevê que "sistemas de abastecimento de água dependentes de geleiras muito utilizados do oeste dos Estados Unidos e Canadá, como o rio Columbia, serão especialmente vulneráveis". O relatório estima que por volta de 2040 não haverá água suficiente para abastecer a população da região. Na Califórnia a situação é ainda pior: por volta de 2020, 40% da água que abastece o sul do estado estarão prejudicados pela perda de gelo na Sierra Nevada.

América do Sul
De acordo com o relatório do Terceiro Levantamento do IPCC, o retrocesso das geleiras continua acontecendo e está atingindo proporções críticas na Bolívia, Peru, Colômbia e Equador. Estudos recentes indicam que a maior parte das geleiras da América do Sul, da Colômbia ao Chile e Argentina, está perdendo volume de gelo a uma taxa acelerada. Nos próximos quinze anos, as geleiras intertropicais devem desaparecer, afetando o abastecimento de água e a geração de energia.

capítulo 12
El Niño

No início de 2007, o Departamento Britânico de Meteorologia previu que aquele seria o ano mais quente da história mundial. Segundo o órgão, o calor ocorreu em virtude dos efeitos causados pelo El Niño, fenômeno meteorológico que aquece as águas do oceano Pacífico e eleva as temperaturas de todo o planeta.

"O El Niño representa o aquecimento anormal das águas superficiais e subsuperficiais do oceano Pacífico equatorial", explica Gilvan Sampaio de Oliveira em seu livro *O El Niño e você*: o fenômeno climático. A expressão El Niño, "o menino" em espanhol, se refere ao aparecimento de águas quentes na costa norte do Peru na época de Natal. Por isso, os pescadores peruanos e equatorianos chamaram o fenômeno de *Corriente del Niño*, isto é, "corrente do menino", em referência ao Menino Jesus. O fenômeno acontece por conta do aquecimento do oceano e do enfraquecimento dos ventos alísios, isto é, ventos que sopram de Leste para Oeste. Isso acarreta mudanças na atmosfera, em seus níveis baixos e altos, determinando alterações nos padrões de transporte de umidade e, portanto, variações na distribuição das chuvas em regiões tropicais e de latitudes médias e altas.

O El Niño trouxe chuvas fortes no verão de 2010, provocando enchentes em diversas cidades das regiões Sul e Sudeste do Brasil.

Para entender melhor, imagine uma piscina cheia num dia ensolarado. Numa das bordas da piscina está um grande ventilador, da largura da piscina. O vento gera turbulência na água e com o passar do tempo é possível observar um represamento da água no lado da piscina oposto ao ventilador. Há até um desnível, ou seja, o nível da água próximo ao ventilador é menor que no lado oposto a ele. Isso ocorre porque o vento está "empurrando" as águas quentes superficiais para o outro lado, expondo as águas mais frias das partes mais profundas da piscina.

É exatamente isso o que ocorre no oceano Pacífico sem a presença do El Niño. Durante um ano normal, ou seja, sem o El Niño, os ventos alísios sopram na direção Oeste através do oceano Pacífico tropical, originando um excesso de água no Pacífico ocidental. Por conta disso, a superfície do mar é cerca de 0,5 m mais alta nas costas da Indonésia do que no Equador. Isso provoca a ressurgência de águas profundas, mais frias e carregadas de nutrientes, na costa ocidental da América do Sul. Essa ressurgência alimenta o ecossistema marinho, sustentando enormes cardumes. Além disso, em circunstâncias normais, o mar aquece o ar, bombeando vapor para a atmosfera; o ar sobe, a umidade forma densas nuvens e fortes chuvas se precipitam sobre essa região, nas chamadas áreas de baixa pressão. Livre dessa umidade, o ar segue seu trajeto em direção às altas camadas da atmosfera, se resfria e desce sobre o oceano, nas proximidades da costa sul-americana, criando uma área de alta pressão, onde as chuvas são raras. Dali ele é carregado próximo à superfície de volta à Indonésia, onde tudo começa de novo. Esse deslocamento do ar das áreas de alta pressão para as de baixa pressão atmosférica sobre o Pacífico equatorial é denominado Célula de Walker.

Voltando ao exemplo da piscina, se o ventilador for desligado, o arrasto que o vento estava provocando na água da piscina irá desaparecer. As águas do lado oposto ao ventilador irão refluir, igualando o nível da água em toda a piscina. O Sol continuará esquentando a água, que se aquecerá igualmente em toda a piscina. Esse aquecimento foi chamado de El Niño. A ausência dos ventos alísios faz que a água aquecida acumulada na superfície do Pacífico no sudeste asiático se espalhe por esse oceano ao longo da linha do Equador, até a costa do Peru. A água quente toma conta da superfície do oceano enquanto a corrente marítima fria fica presa nas profundezas. A diminuição da ressurgência de águas profundas – e de seus nutrientes – provoca uma tremenda diminuição das populações de peixe.

No seu deslocamento rumo à América do Sul, as águas quentes levam com elas o sistema climático da sua região de origem. As formações chuvosas da Indonésia são deslocadas para o meio do Pacífico, dando início a uma espécie de reação em cadeia que empurra todos os sistemas climáticos dos trópicos para Leste. Na Austrália, as áreas onde havia chuvas regulares passam a ser castigadas pela seca, pois as precipitações que deveriam ocorrer no continente são despejadas no oceano, nas proximidades da Polinésia. Ao mesmo tempo, as chuvas que caíam próximo à costa sul-americana, invadem o continente e passam a incidir no interior do Peru. O ar que sobe provocando as precipitações no Peru desce seco justamente na região costeira do Nordeste brasileiro, acabando com as chuvas dessa região.

Não se sabe ao certo o que provoca esse fenômeno climático. Segundo hipótese que vem sendo estudada por cientistas de uma universidade independente no Japão, os ventos carregados de umidade do Pacífico só conseguiram atravessar a Cordilheira dos Andes depois que a França realizou experiências nucleares na Oceania. O El Niño acontece com intervalos de dois a sete anos.

Há também um fenômeno oposto, chamado, como não poderia deixar de ser, La Niña. O La Niña acontece quando as águas do Pacífico equatorial apresentam-se mais frias que o normal. Como consequência desse fenômeno, a circulação dos ventos alísios aumenta, causando maiores chuvas na Oceania e na Indonésia e agravando a aridez no litoral do Peru. As precipitações de verão diminuem no Brasil meridional, enquanto as chuvas no sertão nordestino brasileiro aumentam.

El Niño: áreas atingidas e consequências

Alasca, norte dos Estados Unidos, costa leste do Canadá: aumento de temperatura e invernos amenos.

Sudoeste e sudeste dos Estados Unidos: chuva, inundações, enchentes devastadoras.

Golfo do México: dissipação dos furacões.

América Central: seca e estiagem.

Norte da África: aumento das chuvas.

Índia: seca.

Costa do Equador: chuva, inundações, avalanches de lama.

Costa do Peru: chuva, escassez de peixes, inundações, avalanches de lama.

Interior do Peru: chuva, colheitas abundantes.

Leste da Amazônia e costa norte do Brasil: diminuição das chuvas.

Nordeste do Brasil: seca e estiagem.

Centro da África: seca e estiagem.

Indonésia e norte da Austrália: seca e estiagem.

Sul do Brasil: chuva, inundações, enchentes devastadoras.

África do Sul: seca e estiagem.

Fonte: O El Niño e você, de Gilvan Sampaio Oliveira

capítulo 13
O clima do futuro

Elevação do nível do mar, migração forçada, tempestades mais intensas, secas, enchentes, perda de nutrientes, extinções, incêndios florestais, epidemias, destruição de lavouras e fome: quando os pesquisadores estudam o quadro futuro causado pelas mudanças climáticas, a situação se mostra ameaçadora. Um aumento de 3 °C na média global de temperatura afetará gravemente o delicado equilíbrio planetário. Os regimes das correntes oceânicas e os de chuva, todas as formas de vida, enfim, serão afetados.

Mas projetar o clima do futuro – e as consequências que virão com ele – não é tarefa simples. Os cientistas têm estudado o aquecimento global a partir de modelos climáticos computacionais. Esses modelos são baseados em princípios físicos da dinâmica dos fluidos, na transferência radioativa, em equações químicas e até mesmo biológicas e em diversos outros processos. Poderosos computadores rodam os complexos programas que representam matematicamente uma série de processos-chave dos oceanos, da atmosfera e da Terra, repletos de informações, como o nível de radiação solar e a quantidade de gases-estufa na atmosfera. No entanto, por causa das limitações da atual geração de computadores, não há como deixar de simplificar os modelos climáticos, o que provoca desvios e incertezas nas previsões.

Os primeiros desses Modelos Gerais de Circulação (GCMs, na sigla em inglês), ou mais simplesmente Modelos de Clima Global, foram desenvolvidos por Syukuro Manabe e Kirk Bryan, dois cientistas do Laboratório Geofísico de Dinâmica de Fluidos da Universidade de Princeton, em Nova Jersey, Estados Unidos. Atualmente, diversos GCMs já foram elaborados para produzir previsões mais precisas.

Os cientistas do IPCC usaram diversos modelos climáticos nos seus estudos sobre as causas da alteração climática. Suas conclusões, publicadas em quatro relatórios emitidos ao longo de 2007, mostram que já estamos enfrentando os problemas decorrentes da alteração do clima da Terra.

Projeção do aquecimento global

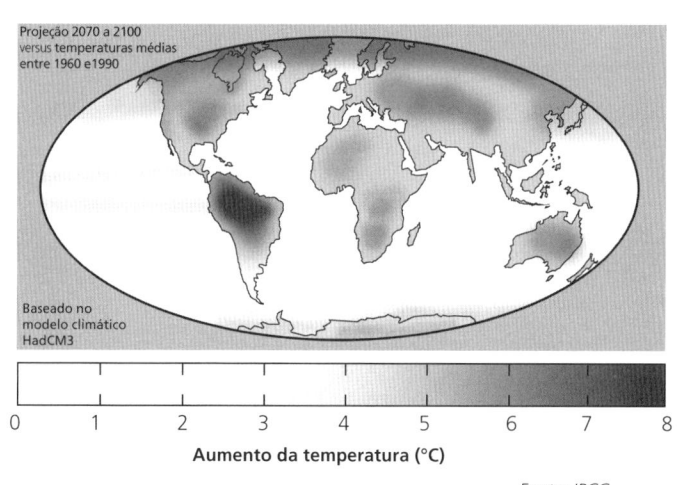

Fonte: IPCC

Distribuição geográfica do aquecimento global durante o século XXI, calculada pelo modelo climático HadCM3, em um cenário onde nada foi feito para se diminuir as emissões, atingindo aumento médio de 3 °C na temperatura global.

De acordo com o Relatório Especial sobre Cenários de Emissão, elaborado pelo IPCC, não há dúvidas de que os gases-estufa lançados pelo homem na atmosfera estão produzindo um clima mais quente em escala global. Os modelos climáticos usados no estudo são unânimes ao sugerirem que o aquecimento, desde 1975, é provocado pela atividade humana.

Curto prazo

A previsão para esta década é de que os termômetros subam ainda mais. O aquecimento global deverá se manter relativamente estável nos próximos anos, mas, a partir da metade da década 2020, os anos serão mais quentes do que 1998, 2005 e 2010, os de maior índice de calor já registrado. Em 2014, a temperatura global deverá ser 0,3 °C mais quente do que em 2004.

As maiores mudanças físicas resultantes da mudança climática serão: aumento do nível dos oceanos, maiores temperaturas e mudanças nos padrões de chuva. De fato, já estamos vivendo essa situação. O clima global já sofreu alterações consideráveis. Tanto a Organização Mundial de Meteorologia (OMM) como a EPA relacionam o aumento do número de eventos climáticos extremos ao aquecimento global.

O regime de chuvas já foi alterado pelas ações humanas. Em julho de 2007, cientistas do Canadá, Japão, Grã-Bretanha e Estados Unidos anunciaram ter descoberto os primeiros indícios concretos de que a ação humana causou mudanças nos padrões pluviométricos do mundo durante o século XX. E o cenário climático continuará a mudar drasticamente.

A elevação da temperatura dos oceanos aumenta a evaporação, o que já está causando chuvas mais pesadas e, consequentemente, mais erosão. A erosão, aliada ao desflorestamento, pode levar áreas tropicais vulneráveis à desertificação. É o que se prevê para grande parte da selva amazônica. De acordo com a previsão do IPCC, somente o aumento da temperatura do planeta associado à redução da disponibilidade de água poderá transformar a Amazônia em savana até a metade deste século. Se a isso somarmos o fato de que, no final de 2004, a área desmatada acumulada na selva amazônica atingiu cerca de 18% da sua extensão e considerarmos as projeções para o aumento da área desmatada que giram em torno de 6% a cada ano, a maior floresta equatorial do mundo será um deserto bem antes de 2050.

Segundo o IPCC, há também evidência de que, desde 1970, houve um aumento no número de ciclones tropicais intensos no Atlântico Norte. Isso se deve a um aumento na temperatura da superfície do mar. A intensidade das tempestades tropicais também deverá ser ainda maior. No mundo todo, a proporção de furacões de categoria 4 e 5 – com velocidade perto de 200 km/h – aumentou de 20% na década de 1970 para 35% nos anos

1990. Só nos Estados Unidos, o número de ciclones aumentou 7% neste começo de século em comparação com o século passado.

O aumento das incidências de furacões em todo o mundo é relacionado com as alterações climáticas que estamos provocando. Os furacões são grandes massas de ar, formadas na atmosfera, que giram em alta velocidade e produzem ventos extremamente fortes. Normalmente, surgem apenas quando há uma situação climática e geográfica específica. Eles só se formam sobre o oceano (embora invadam a costa) e apenas quando as águas atingem temperatura maior que 27 °C. É preciso também existir baixa pressão atmosférica. Além disso, só se formam em regiões com latitude acima de 15 °C. É por isso que até recentemente não havia formação de furacões na costa brasileira, posicionada perto da Linha do Equador, ou seja, numa latitude baixa.

Os furacões são raros no Atlântico Sul porque as temperaturas da superfície do mar são frias. No entanto, em março de 2004, no litoral sul do Brasil, onde o fenômeno nunca tinha sido registrado, os satélites de observação meteorológica captaram a imagem de um furacão se aproximando da costa de Santa Catarina. O Catarina, como foi batizado, causou algum estrago no litoral, e sua passagem fez os cientistas se questionarem se, por causa das alterações climáticas que estamos causando, os furacões estão se formando também no Atlântico Sul. Com efeito, desde 1995, a Bacia do Atlântico tem sido palco de um número crescente deles, levando os meteorologistas a preverem que os sistemas de monitoramento de ciclones tropicais terão de ser estendidos em 1.600 km ao Sul.

Longo prazo

Daqui a cem anos, a temperatura deverá ser de 2 °C a 4,5 °C mais alta. Com base nesse dado, as previsões mostram que, de 1990 a 2100, os níveis dos oceanos devem subir de 110 a 770 mm, o que terá repercussões drásticas na produção de alimentos e afetará as reservas de água potável. Além disso, a camada de ozônio deverá se reduzir ainda mais. Haverá mais furacões e fenômenos climáticos extremos, bem como surtos de doenças como malária e dengue. Prevê-se que entre 18% e 35% das espécies animais e vegetais estarão extintas até 2050 por conta do aquecimento global.

Por volta de 2100, as neves eternas das montanhas do oeste americano – uma importante fonte de água doce – terão desaparecido. Como regra geral, as áreas áridas ficarão ainda mais secas e aquelas próximas a bacias hidrográficas tenderão a sofrer inundações maiores e mais frequentes. As zonas climáticas se moverão rumo ao Norte, esquentando regiões de clima atualmente temperado.

O mar de gelo, no Polo Norte, deverá desaparecer, e o *permafrost* derreterá irremediavelmente. Na verdade, como mostrado antes, o *permafrost* no Canadá, Alasca e Rússia já está começando a derreter. Isso arruinará ecossistemas essenciais e, por causa do aumento da atividade de bactérias, mudará inevitavelmente as características químicas do solo. Um estudo publicado pela revista norte-americana *Science* demonstra que o *permafrost* da Sibéria oriental está sumindo gradualmente, o que levou ao desaparecimento, desde 1971, de 11% dos 11 mil lagos da região. O derretimento do *permafrost* transforma o solo, no primeiro momento, em pântano, o que também aumenta o nível de gás metano na atmosfera.

Outra previsão de longo prazo indica que a região ao redor do Mediterrâneo se tornará muito mais quente. Todos os modelos climáticos projetam que a área que se estende a partir da Espanha até o Oriente Médio ficará mais seca. Trata-se de um impacto profundo numa área de proeminente importância geopolítica.

O Sahel – região da África situada entre o deserto do Saara e as terras mais férteis ao sul, da qual fazem parte os países do *cinturão da fome* (Senegal, Mauritânia, Mali, Burkina Faso, Níger, norte da Nigéria, Chade, Sudão, Etiópia, Eritreia, Djibuti e Somália) – já está passando por esse processo. Há trinta anos o Sahel é fustigado por severas secas, gerando as comoventes imagens de crianças-esqueleto e mobilizando esforços de caridade em todo o mundo. Por outro lado, nas áreas de maior índice pluviométrico do globo, as chuvas deverão cair torrencialmente, aumentando a tendência de enchentes.

Em estudo publicado em 2006, cientistas norte-americanos e australianos, comparando projeções feitas por vários modelos, descobriram que os extremos climáticos estarão presentes em todo o globo. Em geral, esses extremos virão na forma de intensas ondas de calor, menos neve e geada, períodos mais longos de seca e chuva pesada.

Paradoxalmente, o aumento do calor poderá provocar, no século XXII, uma nova era glacial. O derretimento das geleiras poderia ter um efeito contrário: em vez de mais calor no mundo, haveria mais frio. Os cientistas estão preocupados com um lugar em particular: o Alasca, onde cerca de 800 km³ de gelo sumiram nos últimos cinquenta anos.

O aumento no volume de água doce pode alterar a temperatura, a salinidade e os padrões de vento, fatores que influenciam diretamente as correntes marítimas. Na Europa, as correntes quentes que aquecem o continente poderiam desaparecer, fazendo a média de temperatura dessa região cair em até 20 ºC – o que poderia dar início, no século XXII, a uma nova era glacial.

Crise econômica

Alguns economistas tentaram estimar o custo líquido agregado dos prejuízos causados pela mudança climática em todo o globo. Essas estimativas, porém, não chegaram a conclusões efetivas. Um desses estudos, o Relatório Stern sobre a Economia das Mudanças Climáticas (Stern Review on the Economics of Climate Change) – um calhamaço de setecentas páginas publicado no fim de outubro de 2006 pelo economista Nicholas Stern, a pedido do governo britânico, e que saiu em livro pela Cambridge University Press –, sugere que a elevação da média da temperatura planetária poderá diminuir o PIB global em 1% e provocar uma queda de 20% no consumo *per capita* mundial. O relatório sofreu críticas, quanto à sua metodologia, considerações e conclusões, por parte de diversos economistas. Mesmo assim, as previsões econômicas gerais de Stern ressoam repletas de bom-senso. "Nossas ações nas próximas décadas poderão criar o risco de quebra das atividades econômicas e sociais, no final deste século e no início do próximo, colocando-as numa escala semelhante àquelas associadas às Grandes Guerras e à depressão econômica da primeira metade do século XX", escreve ele.

O Unep enfatiza que os principais setores econômicos afetados pelo novo cenário climático serão, principalmente, os de seguros, resseguros e bancário. Outros setores que correm sérios riscos são o agrícola, o de transportes e o turismo. Segundo a ONU, os países em desenvolvimento sofrerão maior impacto econômico do que as nações ricas. A escassez de recursos naturais e a quebra econômica levarão, por sua vez, a sérios conflitos mundiais.

Consequências políticas

De acordo com um levantamento feito em 2007 pelo Instituto Internacional para Estudos Estratégicos (IISS, na sigla em inglês) – um centro especializado em segurança internacional, com sede em Londres –, "as mudanças no clima podem ter implicações globais na área de segurança equivalentes a uma guerra nuclear, a menos que sejam tomadas providências urgentes". De fato, o aquecimento global deverá ter cada vez mais impacto negativo sobre as safras e a disponibilidade de água em todo o planeta, causando conflitos regionais.

O documento do IISS demonstra preocupação com o descaso político diante de uma ameaça tão grave. O levantamento afirma que, embora todos tenham começado a reconhecer a ameaça que as mudanças no clima representam, ninguém assumiu um papel efetivo de liderança para tratar da questão. "Mesmo que a comunidade internacional consiga adotar medidas abrangentes e eficazes para mitigar as mudanças no clima, ainda assim haverá impactos inevitáveis do aquecimento global sobre o meio ambiente, as economias e a segurança humana", enfatiza o texto.

Alguns conflitos atuais em locais como o Quênia e o Sudão são reflexo dessa situação, e o mesmo deve acontecer em outras regiões.

O relatório sustenta ainda que uma das consequências da mudança climática será a redução da capacidade mundial de combater a ameaça do aquecimento global. Isso aumentaria inevitavelmente a distância entre ricos e pobres, e entre diferentes etnias e grupos religiosos, gerando cada vez mais conflitos. Nem mesmo as áreas urbanas escapariam, já que a escassez de água e a redução das safras elevariam demasiadamente o preço dos alimentos. Segundo o texto, 65 países devem perder mais de 15% de sua safra agrícola atual até 2100, quando a população mundial já deverá atingir os 9 bilhões. Resultado: fome, peste, guerra e morte.

capítulo 14
Refugiados ambientais

> *A regra de ouro é se recusar resolutamente a ter o que milhões não podem ter. A capacidade de recusar não se apresentará a nós de repente. O primeiro passo é cultivar a atitude mental de não ter posses ou recursos negados a milhões; o segundo, reorganizar nossas vidas de acordo com essa mentalidade.*
>
> M. Gandhi

O aumento do nível dos oceanos, a desertificação, o desflorestamento, as enchentes e a diminuição de reservas de água terminaram por criar um novo fenômeno global: os refugiados ambientais. São pessoas que não conseguem mais sobreviver nos seus locais de origem por causa da degradação do meio ambiente que antes os supria. Sem alternativas, elas buscam refúgio em outros lugares, independentemente de quanto isso seja perigoso ou problemático.

De acordo com Janos Bogardi, diretor do Instituto para a Segurança Humana e Ambiental (EHS, na sigla em inglês), da UNU, em Bonn, Alemanha, a deterioração ambiental já desloca de seus lares 10 milhões de pessoas por ano. Parte delas acaba voltando, mas outras nunca mais retornarão.

Já em 1995, havia 25 milhões de refugiados ambientais contra 27 milhões de refugiados políticos, religiosos ou de guerra. E a situação tende a piorar. Segundo Andrew Simms – diretor de política da New Economics Foundation (NEF), uma ONG sediada em Londres, e autor do livro *Environmental refugees: the Case for Recognition* [Refugiados ambientais: um caso para se atentar] –, em 2010 já se atingiu a marca de 50 milhões de refugiados ambientais em todo o mundo. Já a ONG Ecologistas em Ação, sediada em Madri, Espanha, sustenta que nos próximos trinta anos a mudança climática fará que cerca de 200 milhões de pessoas sejam forçadas a deixar o local onde vivem. Segundo esta ONG, até 2020, os processos de desertificação expulsarão de suas casas 135 milhões de pessoas – 60 milhões delas na África.

Longe das manchetes dos jornais, com pouca atenção dada pela imprensa, a situação dos refugiados é drástica. A Cruz Vermelha informa que, hoje, em escala global, os problemas ambientais desalojam mais gente do que as guerras. "No final das contas, a questão dos refugiados ambientais acabará se tornando a maior crise humana da nossa época", opina o professor Norman Myers, do Green College da Universidade de Oxford, Inglaterra.

Para Janos Bogardi, nas áreas rurais mais pobres, a maior causa do fenômeno é a "degradação da terra e a desertificação, a qual pode ser causada pelo seu uso insustentado somado à mudança climática e amplificado pelo crescimento populacional". Bogardi aponta como segundo maior fator dessa crise os "altos níveis de CO_2 na atmosfera", os quais estão aumentando a temperatura do planeta.

"Em todo o mundo a vulnerabilidade [das pessoas] está aumentando por causa do rápido desenvolvimento de megacidades em áreas costeiras", diz Tony Oliver-Smith, antropólogo e pesquisador da Universidade da Flórida. "Muitas cidades estão superpovoadas, incapazes de lidar de forma eficiente com as demandas de um número de pessoas cada vez maior, muitas das quais acabam indo viver em favelas", observa o cientista. "Combine-se essa tendência ao aumento do nível do mar e ao crescente número e intensidade das tempestades, e temos a receita do desastre que nos aguarda, com enorme potencial de criar ondas de migração causadas por problemas ambientais".

À degradação do meio ambiente somam-se outros fatores que contribuem para aumentar o número de refugiados ambientais. Cerca de 10 milhões são deslocados involuntariamente todos os anos de seus lares por projetos públicos, principalmente a construção de grandes barragens. Muitos se estabelecem em outros locais, mas aproximadamente 1 milhão permanece em condição de refugiados. Só na China e na Índia, cerca de 50 milhões de pessoas ficaram temporariamente refugiadas por esse motivo.

A pobreza associada aos problemas ambientais é um fator adicional, que contribui com o fenômeno dos refugiados ambientais. Malnutrição, aumento da população, desemprego, rápida urbanização, doenças crônicas, políticas governamentais desastrosas e conflitos étnicos são outros problemas a aumentar o número de refugiados e a dificultar a distinção entre aqueles desalojados por causas ambientais e os que deixaram suas casas por problemas econômicos.

Apesar de o fenômeno derivar basicamente da degradação do meio ambiente, ele gera uma miríade de problemas políticos e sociais de todos os tipos, podendo se tornar também causa de desordem e conflito, levando a confrontos e gerando violência.

Os sem-ambiente

As migrações relacionadas a problemas ambientais têm sido maiores na África Subsaariana, mas afetam igualmente milhões de pessoas na Ásia e no subcontinente indiano. A Europa e os Estados Unidos sofrem cada vez mais pressão daqueles que buscam escapar da degradação do meio ambiente no norte da África e na América Latina.

Em 1995, de acordo com dados publicados por Myers e Kent no livro *Environmental Exodus*: *an Emergent Crisis in the Global Arena* [Êxodo ambiental: uma crise emergente na arena global], dos 25 milhões de refugiados ambientais que então se deslocavam em todo o planeta, aproximadamente 5 milhões estavam na região do Sahel – a região árida ao sul do Saara que engloba doze países, onde 10 milhões haviam fugido da seca e apenas metade retornou aos seus locais de origem. Outros 4 milhões eram da região conhecida como Chifre da África – a região nordeste do continente, que inclui Somália, Etiópia, Djibuti e Eritreia – e do Sudão. Em outras partes da África Subsaariana, onde 80 milhões de pessoas enfrentavam a fome em razão de fatores ambientais, 7 milhões haviam sido obrigadas a migrar em busca de alimentos. Em 2000, havia oficialmente 8 milhões de famintos no Sudão, 6 milhões na Somália e 3 milhões no Quênia, além de vários milhões padecendo de fome em outros países.

Apesar de o Sahel ser o principal foco de refugiados ambientais, o fenômeno é igualmente grave em outras regiões e países. Na China, dos 120 milhões de migrantes internos, pelo menos 6 milhões podem ser considerados refugiados ambientais. Nas últimas décadas, essas pessoas foram obrigadas a abandonar suas terras agrícolas por conta do encolhimento das áreas agricultáveis decorrente do aumento da população e da desertificação. Só o deserto de Gobi, entre a Mongólia e o norte da China, se expande 10 mil km² por ano. O Marrocos, a Líbia e a Tunísia perdem, cada um, por volta de 1 mil km² de terras produtivas por causa da desertificação. No Egito, metade das lavouras que dependem de irrigação sofrem com a salinização, e a Turquia já perdeu 160 mil km² por conta da erosão. Desde 1972, a população de Sanaa, capital do Iêmen, dobra a cada seis anos. O aquífero que abastece a cidade é reduzido em 6 m todos os anos e, de acordo com o Banco Mundial, deverá estar totalmente esgotado em 2020.

Calcula-se que, em todo o mundo, 100 milhões de pessoas vivam em áreas abaixo do nível do mar. Até mesmo no país mais rico do planeta, os Estados Unidos, uma parcela da população padece com o aumento do nível dos mares. O estado de Louisiana perde aproximadamente 65 km² de superfície por ano por causa da erosão marinha. Só no Alasca, 213 comunidades estão ameaçadas por marés que tomam mais e mais terras a cada ano.

O número crescente e a maior intensidade das tempestades também têm aumentado o número de vítimas de desastres ambientas. Em agosto de 2007, enchentes na Índia, em Bangladesh e no Nepal deixaram mais de 20 milhões de pessoas desabrigadas. A estação das chuvas, chamadas monções, é comum nessa região, mas as chuvas de 2007 provocaram algumas das piores ocorrências em duas décadas em partes desses países. As enchentes danificaram inúmeras estradas e pontes nessas nações, dificultando o acesso de equipes de assistência às vítimas. Muitas das pessoas atingidas pelas enchentes protestaram contra a escassez de alimentos e entraram em choque com policiais em diversos campos de refugiados, perpetrando um quadro que possivelmente será comum num futuro próximo. Em Bangladesh, milhares de famílias desabrigadas buscaram refúgio em áreas do país menos atingidas pelas chuvas. Muitas delas levaram paredes e telhados de suas casas para reconstruí-las em outros locais.

Questão política

Mas nem só dos problemas do meio ambiente padecem os refugiados ambientais. Por meio de governos e organizações internacionais, as vítimas de perseguições políticas têm acesso à assistência na forma de ajuda financeira, alimentos, ferramentas, escolas e clínicas. No entanto, os refugiados ambientais não são auxiliados, uma vez que não são considerados refugiados políticos pelas convenções e acordos internacionais. Conforme explica Ruud Lubbens, então alto-comissário para refugiados da ONU, "os refugiados políticos e migrantes são fundamentalmente distintos, por isso são tratados de forma completamente diferente pelas atuais leis internacionais". Os migrantes escolhem se mudar em busca de melhores condições. Já os refugiados políticos têm de abandonar seus lares para salvar suas vidas ou preservar sua liberdade. O último grupo vive uma situação de extrema vulnerabilidade, pois não têm proteção dentro de seus próprios países – na verdade, muitas vezes são os regimes de seus próprios países que os perseguem. Se outras nações não lhes concedem asilo, são condenados a uma vida intolerável, sem qualquer direito, ou até mesmo à morte. Já os refugiados ambientais tendem a angariar de seus governos simpatia e auxílio. Essa diferença entre refugiados políticos e migrantes ambientais faz que os dois grupos tenham *status* distintos aos olhos da lei. Lubbers enfatiza que, tecnicamente, as vítimas dos desastres ambientais "não são refugiados". Contudo, ele admite que os dois grupos estão sendo confundidos e tratados com cada vez mais desconfiança, rejeição e até mesmo ódio. Cada vez mais – e o medo do terrorismo exerce um papel determinante nesse comportamento – os controles à imigração ilegal estão aumentando, e pessoas que simplesmente não têm para onde ir são deixadas à míngua.

Diante do aumento do número de refugiados – tanto os políticos como os ambientais –, quase um terço dos países desenvolvidos estão restringindo ainda mais o fluxo de imigrantes oriundos das nações em desenvolvimento. Apesar disso, pouco tem sido feito para minorar o problema dos refugiados. Embora o orçamento do Alto-comissariado das Nações Unidas para os Refugiados (ACNUR) tenha aumentado, a agência reconhece não ser capaz de suprir com alimentos, remédios e abrigo os refugiados *tradicionais* – aqueles perseguidos politicamente ou vítimas de guerra –, quanto mais investir na sua reabilitação e repatriação. Para tanto, seria necessário um esforço para desenvolver seus países de origem, uma vez que os refugiados – sejam políticos, sejam migrantes expulsos de seus lares por problemas ambientais – são oriundos dos setores mais pobres da comunidade global. Em 2000, os vinte países com o maior número de refugiados (*tradicionais*) tinham uma renda *per capita* anual de apenas 850 dólares.

Muitos observadores defendem que as pessoas desalojadas de seus lares ou locais de origem devem receber *status* de *refugiados ambientais* e ter o mesmo tratamento legal que os refugiados *tradicionais*, isto é, direito à proteção e à sobrevivência em outras regiões de seus países ou em outras nações. "A regulamentação do chamado *refugiado ambiental* é imprescindível para preencher uma lacuna jurídica e proporcionar proteção jurídica ao número cada vez maior de pessoas deslocadas por razões ambientais", propõe um relatório emitido pela ONG Ecologistas em Ação.

Recentemente, a Nova Zelândia deu um importante passo no sentido de incluir as vítimas dos desastres ambientais ao aceitar receber 11.600 refugiados ambientais da ilha-Estado Tuvalu, no Pacífico, a qual está se tornando um pântano improdutivo na medida em que o nível do mar aumenta por conta do aquecimento global. É, porém, uma medida isolada. Via de regra, além das consequências da degradação do meio ambiente que um dia os sustentou, os refugiados ambientais continuam a sofrer com a falta de reconhecimento oficial da sua situação.

Perseguição ambiental

Andrew Simms, da NEF, argumenta que, como as regiões de origem dos refugiados ambientais estão sendo sistematicamente destruídas em função das políticas ambientais perpetradas pelos países industrializados, de fato essas pessoas sofrem *perseguição ambiental* e devem, sim, ser consideradas refugiados legítimos, merecendo proteção legal.

Analistas da UNU concordam. "Há temores bem fundamentados de que o número de pessoas que fogem de condições ambientais extremas irá crescer exponencialmente à medida que o mundo sofrer os efeitos da mudança climática", diz Janos Bogardi. "Essa nova categoria de *refugiados* precisa ter lugar nos acordos internacionais, e nós precisamos conceder a eles apoio semelhante ao que oferecemos às pessoas que fogem de outras situações inevitáveis."

Mas, além de substituir ou incluir novas emendas na Convenção de Genebra que reconheçam os refugiados ambientais, há mais a fazer por eles.

A NEF sugere, por exemplo, que deve haver compensação em dinheiro pela dívida ecológica, "para deixar claro que os países superpoluidores têm obrigações financeiras e ambientais [com os países que estão vendo seu meio ambiente se degradar]". Para Simms, a paranoia dos países ricos, os quais se esforçam para barrar a entrada de imigrantes, é tremendamente irônica. "Seu estilo de vida à base de carbono está causando o aquecimento global, o que acaba sendo o maior fator a forçar as pessoas a abandonar seus lares; são as pessoas pobres dos países vulneráveis que pagam com suas casas pelo nosso estilo de vida", diz o diretor da NEF. "Sabemos, por exemplo, que quando uma família norte-americana senta-se para jantar no dia 2 de janeiro, ela já consumiu, desde a meia-noite do primeiro dia do ano, tanto combustível fóssil quanto uma família da Tanzânia irá consumir durante todo o ano." Os interesses de uma classe minoritária, porém, detentora da maior parte dos recursos econômicos do planeta, não vão ao encontro da realidade da maioria carente. "Para mim, o mais ultrajante é que, no mínimo, 80 bilhões de dólares são destinados a subsidiar combustível fóssil para as indústrias dos países ricos, contra apenas 400 milhões para os pobres se adaptarem à mudança climática", declara indignado Andrew Simms.

Há, porém, soluções para desenvolver as regiões afetadas pela degradação ambiental e manter suas populações de maneira sustentável. "Uma forma básica de se lidar com a desertificação, salinização e, de fato, qualquer tipo de degradação do solo é plantar árvores, as quais retêm umidade e combatem a erosão do solo", propõe o professor Norman Myers.

Foi nessa ideia que se baseou a vencedora do Nobel da Paz de 2004, Wangari Maathai. Em 1977, a queniana Wangari criou – e desde então tem liderado – o Green Belt Movement [Movimento Cinturão Verde], o qual mobilizou mulheres pobres que plantaram cerca de 30 milhões de árvores em três décadas. Não só o meio ambiente melhorou, como as participantes do movimento começaram a lucrar com o plantio, o qual gerava emprego, combustível, comida e abrigo, melhorava o solo e ajudava a manter as reservas de água.

Durante muito tempo, uma característica do movimento de Wangari foi a falta de recursos – constituindo-se basicamente da consciência e da força de vontade. Mesmo assim, o Movimento Cinturão Verde foi um sucesso. Hoje, o modelo foi já copiado por vários países, e Wangari Maathai se tornou uma das vozes de destaque no esforço para conscientizar as pessoas comuns a se empenharem individualmente na reversão da crise ambiental.

PARTE II

NÓS E A ENERGIA

capítulo 15
O problema petróleo

Dificilmente pode-se encontrar uma *commodity* tão vital para o crescimento e a manutenção da economia mundial como o petróleo. É matéria-prima básica para tintas, plásticos, produtos farmacêuticos, fibras têxteis e uma infinidade de outros produtos. As indústrias agrícolas também dependem de petróleo como combustível para seus maquinários e como insumo para pesticidas, herbicidas e outros materiais. E, como meios de transporte rápidos e confiáveis também são vitais para o funcionamento de qualquer indústria ou empreendimento, o suprimento abundante e barato de petróleo tem sido o maior motor do crescimento e expansão econômicos. Da mesma forma, a indústria turística, em franca expansão, depende tremendamente de baratear as viagens de carros, ônibus, aviões e navios.

Trata-se, portanto, de setores vitais da economia mundial. Sem petróleo barato, esses setores – e o estilo de vida que deles deriva – dificilmente sobreviveriam. "O petróleo", diz o especialista norte-americano em energia Edward L. Morse, "é o combustível mais versátil já descoberto, por isso está situado no âmago da economia industrial moderna".

Apesar da conclusão dos cientistas do IPCC de que a queima de combustível fóssil é a maior responsável pelo aquecimento global, a maioria dos analistas acredita que o petróleo continuará a ser a principal fonte de energia por muitos anos ainda. Isso acontece porque as outras fontes de energia ou são escassas, como o gás natural e a energia hidrelétrica, ou caras, como a eólica e a solar, ou ainda perigosas demais por gerarem resíduos nocivos, como o carvão (que gera CO_2) e a energia nuclear (que gera lixo radioativo).

Em contraposição, o petróleo é relativamente abundante e barato, e gera menos CO_2 do que o carvão. É provável, portanto, que o petróleo continue como fonte primária de combustível para indústrias, comunidades e sistemas de transporte no futuro próximo. Na verdade, o Departamento de Energia dos Estados Unidos (DOE, na sigla em inglês) prevê que o petróleo irá responder por aproximadamente a mesma proporção do atual suprimento total de energia daquele país em 2025, isto é, 41%.

Maiores reservas petrolíferas (% por país)

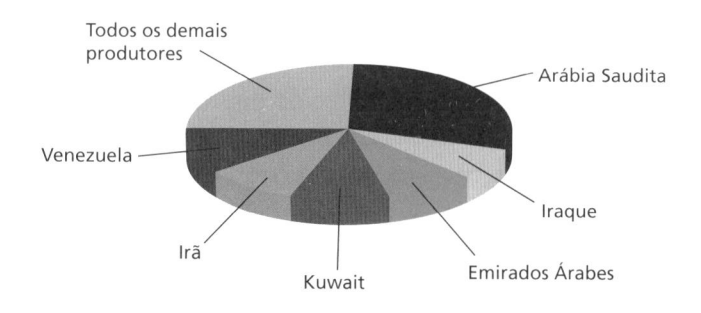

Fonte: British Petroleum, BP Statistical Review of World Energy, *Londres, jun. 2003.*

Uma vez que petróleo barato é essencial para a economia mundial, em geral, e dos Estados Unidos, em especial, esse país tomou para si o papel de assegurar o suprimento e o fluxo do produto. Os líderes norte-americanos – seja qual for o partido ao qual são afiliados – sentem-se compelidos a fazer tudo que for necessário para assegurar que sempre haja petróleo o bastante para garantir o crescimento da economia e manter a superioridade militar do seu país. "O petróleo é muito mais que combustível para carros e aviões", disse Robert E. Ebel, do Centro de Estudos Estratégicos e Internacionais (CSIS, na sigla em inglês), a uma plateia formada por membros do Departamento de Estado, em abril de 2002. "O petróleo é o combustível que sustenta o poderio militar, a economia nacional e a política internacional." Muito mais do que uma simples *commodity* negociada no mercado internacional, o petróleo, segundo Ebel, "é um determinante do bem-estar, da segurança nacional e do poder internacional para aqueles que possuem essa reserva vital, e é o contrário disso para aqueles que não a têm".

Até a década de 1940, esse esforço era primariamente um problema de *política doméstica,* uma vez que os Estados Unidos possuíam reservas adequadas a suprir as necessidades básicas do país. Por volta do final da Segunda Guerra Mundial, porém, ficava claro que as reservas do país iriam se exaurir e seria preciso maiores quantidades de petróleo importado para abastecer as reservas domésticas que se esgotavam. A essa altura, o petróleo se tornou um problema de *política externa,* e o governo norte-americano passou a assumir um papel direto na garantia de abastecimento de petróleo importado. E enquanto o governo, por vezes, confiava em empresas privadas para estabelecer contatos com produtores estrangeiros, ele mesmo assumia responsabilidade pela segurança dos investimentos externos do país no setor de energia.

Questão de segurança nacional

Por conta de o petróleo ser um recurso tão vital à prosperidade dos Estados Unidos, os líderes desse país decidiram que o acesso ao produto deveria ser protegido a qualquer custo, inclusive por meio do uso de força militar. No discurso político formal, o petróleo passou a ser considerado um assunto de *segurança nacional,* isto é, um tema sob responsabilidade do Departamento de Defesa e de outros órgãos responsáveis por salvaguardar os interesses vitais dos Estados Unidos. Em nome da segurança nacional, a força militar tem sido usada com frequência nos últimos cinquenta anos para garantir o acesso ao petróleo estrangeiro e para proteger os principais fornecedores, como a Arábia Saudita e o Kuwait, contra rebelião interna e ataque estrangeiro.

De fato, todos os cinco *comandos unificados* regionais que controlam as forças de combate norte-americanas ao redor do mundo – o Comando

Central, ou Centcom, responsável pela região do Golfo Pérsico; o Comando Sul, ou Southcom, que controla o hemisfério Sul; o Comando Europeu, ou Eurocom; o Comando do Pacífico, Pacom, baseado em Honolulu; e o comando do Norte – estão cada vez mais comprometidos com operações relacionadas ao petróleo. Tropas do Centcom estão combatendo no Iraque para garantir o abastecimento de petróleo via esse país. Soldados do Southcom estão ajudando a defender o oleoduto Caño Limón-Coveñas, na Colômbia, um elo vital entre os campos petrolíferos, no interior, e as refinarias, no litoral, que tem estado sob contínuo ataque dos guerrilheiros esquerdistas. Da mesma forma, soldados do Eurocom estão treinando focas para proteger o oleoduto Baku-Tbilisi-Ceyhan, na Geórgia. Este órgão também supervisiona as forças norte-americanas empregadas na África e começa a buscar bases de apoio a futuras operações para defender as refinarias de petróleo da região. Finalmente, os navios e aviões do Pacom estão patrulhando as rotas vitais de petroleiros no oceano Pacífico ocidental e ao sul da China.

Embora o regime de Saddam Hussein não controle mais o Iraque e grande parte de seu exército tenha sido destruído, o trabalho do Centcom está longe de terminar. As tropas norte-americanas continuam a guardar os oleodutos que levam petróleo iraquiano bruto ao porto turco de Ceyhan no Mediterrâneo e a proteger as refinarias de petróleo em todos os outros lugares do país. Algumas dessas tarefas foram outorgadas a empresas de segurança e a unidades da polícia iraquiana, mas as forças norte-americanas continuarão a exercer um papel fundamental na defesa da altamente vulnerável infraestrutura petrolífera – sabe-se lá até quando.

O envolvimento norte-americano na defesa do suprimento e fluxo de petróleo não se limita ao aspecto militar, mas se estende às relações exteriores. Desde o final da Segunda Guerra Mundial, os Estados Unidos estabeleceram laços estreitos com regimes corruptos e repressivos que controlam grandes reservas de petróleo, sendo coniventes com eles e estimulando sua corrupção. Os atentados de 11 de setembro de 2001, porém, deixaram claro que essas alianças expuseram os Estados Unidos e seus cidadãos ao terrorismo e a conflitos relacionados ao petróleo.

Para complicar ainda mais o quadro, há indicações de que o fornecimento global de petróleo possa começar a se contrair num futuro não muito distante. A diminuição final das reservas globais de petróleo produzirá dificuldades econômicas, mas há um perigo ainda maior: o de que a China, os Estados Unidos e outros países venham a responder à escassez enfatizando o aspecto de segurança com relação à energia e fortalecendo seus laços militares com produtores amistosos no Golfo e em outras áreas produtivas. A Rússia, a China e os Estados Unidos já estão fornecendo armas e serviço militar nessas áreas. De acordo com Michael T. Klare, autor do livro *Blood and Oil*: the Dangers and Consequences of America's Growing Dependency on Imported Petroleum [*Sangue e petróleo*: os perigos e consequências da crescente dependência norte-americana em relação ao petróleo importado], "essa tendência pode levar a uma luta geopolítica clássica entre superpotências nas zonas petrolíferas – aumentando significativamente o risco de um conflito localizado se tornar muito maior".

Em última instância, conclui Klare, o custo do petróleo será medido em sangue: "o sangue de soldados norte-americanos mortos em combate e o sangue de outras vítimas de violências relacionadas ao petróleo" – advindas, principalmente, do terrorismo.

Alternativas

Diminuir o consumo de petróleo beneficiaria tanto a economia como o meio ambiente. A queda na emissão de CO_2 na atmosfera contrairia radicalmente o acúmulo de gases-estufa na atmosfera, reduzindo dessa forma a gravidade da mudança climática global. Outro efeito colateral da diminuição do consumo de petróleo seria a eliminação da violência militar para garantir o abastecimento do produto – e consequentemente do terrorismo que busca se opor às operações petrolíferas norte-americanas.

Além do impacto ambiental e da violência, há ainda o problema da escassez. Sabe-se que as reservas mundiais de petróleo não são eternas. Embora os especialistas discordem entre si sobre quando elas entrarão em declínio irreversível – alguns afirmam que será por volta da segunda ou terceira década deste século –, todos eles reconhecem que uma redução na produção global do produto é inevitável. O fato é que – seja por problemas ambientais, seja pelo fim das reservas petrolíferas – a comunidade mundial logo terá de encarar a necessidade de uma transição integral da economia baseada no petróleo para uma movida por outras fontes de energia.

O transporte responde por aproximadamente dois terços do consumo líquido de petróleo em todo o mundo. Também é o tipo de uso de petróleo mais fácil de controlar, uma vez que outros tipos de consumo desse produto (industriais, petroquímicos e geração de eletricidade) são muito mais resistentes à restrição. A chave aqui são os veículos de carga leve – carros, minivans e camionetes –, que nos Estados Unidos – país que mais emite gases-estufa na atmosfera – respondem por cerca de 60% de todo o consumo de petróleo relacionado ao transporte, como já dito. Melhorias na eficiência do consumo por caminhões, ônibus e aviões são igualmente importantes, mas o verdadeiro progresso rumo à autossuficiência de energia terá de começar com a gigantesca frota de veículos de carga leve.

Michael T. Klare aponta quatro abordagens básicas para diminuir o consumo de petróleo: primeiro, a melhoria da eficiência do consumo de combustível pelos veículos já existentes; segundo, a introdução de combustíveis derivados de outros produtos que não o petróleo, como etanol ou álcool, para os motores existentes; terceiro, novas e melhoradas formas de propulsão automotiva, especialmente motores híbridos, como gasolina/eletricidade ou gasolina/álcool, e células combustíveis de hidrogênio; e, quarto, o uso em larga escala de veículos de transporte em massa.

Fontes renováveis de energia, inclusive eólica, solar e biomassa, têm suas vantagens e desvantagens. A energia eólica é comercialmente viável em áreas onde os ventos são constantes e os moinhos de vento não interferem em outras atividades ou no uso da terra. A energia solar é abundante, e a tecnologia para armazená-la, bem desenvolvida, mas seu preço é elevado. A biomassa pode ser a mais promissora fonte de energia. A agricultura produz grandes quantidades de lixo que podem ser queimadas ou convertidas em combustível líquido, como etanol. No entanto, destinar grandes áreas para produção de combustível pode prejudicar a produção global de alimentos, especialmente conforme a população mundial aumenta.

Os especialistas em energia também defendem fontes mais controversas para essa transição – especialmente energia nuclear e combustíveis líquidos derivados de carvão. Essas duas alternativas têm seus proponentes e seus opositores. Os ambientalistas condenam a energia nuclear por conta do seu lixo altamente tóxico, o qual é muito difícil (alguns dizem impossível) de ser armazenado com segurança. Também torcem o nariz para o carvão porque ele produz grandes quantidades de resíduos de carbono que se acumularão na atmosfera, a não ser que alguém descubra um meio prático de armazenar ou de *sequestrar* esses resíduos.

Apesar dos problemas provocados pelo consumo do petróleo e de seus derivados, de fato, o que se observa é que o esforço continua a ser no sentido de garantir o suprimento desse produto. E os desdobramentos políticos para manter essa tendência marcaram com guerras a primeira década do século XXI.

capítulo 16
Barril de pólvora

O consumo de petróleo – seguido de perto pelo desmatamento, pela poluição de reservas hídricas, pela exploração predatória de recursos naturais, pela superpopulação e outras ações irresponsáveis – não é apenas o maior responsável pela mudança climática que estamos enfrentando. O petróleo também está no centro de um dos maiores conflitos militares do início do século XXI: a guerra ao terrorismo. Em busca de garantir suprimentos que atendessem sua brutal demanda, os Estados Unidos acabaram se imiscuindo na política interna de reinos e países de uma das regiões mais conturbadas do globo, o Oriente Médio, provocando instabilidade no mundo todo.

Por conta das suas atividades para garantir o abastecimento contínuo de petróleo provindo do Oriente Médio, os Estados Unidos tiveram sua embaixada em Teerã tomada e seus funcionários sequestrados pelo então recém-empossado regime do aiatolá Khomeini, em 1979; forneceram armas clandestinamente ao Iraque durante a guerra desse país contra o Irã, na década de 1980; lutaram uma guerra sangrenta para libertar o Kuwait, em 1990; sofreram o maior atentado em solo norte-americano da história do país, em 2001; estão desde 2001 com tropas atoladas no Afeganistão e desde 2003, no Iraque, em ocupações que não têm previsão para acabar. Embora os Estados Unidos sejam o principal foco da ameaça terrorista, o problema também se estende para todo o mundo, com atentados no coração da Europa, na Espanha e na Inglaterra.

O envolvimento norte-americano no Oriente Médio tem como ponto nevrálgico a relação que os Estados Unidos mantêm com a Arábia Saudita. É praticamente impossível dimensionar a importância dessa relação para os Estados Unidos. Além de ser o maior provedor de petróleo bruto dos norte-americanos – respondendo por aproximadamente 20% das importações –, entre os grandes fornecedores, o reino árabe é o único cujo abastecimento é tido, pelos Estados Unidos, como certamente ampliado em época de crise. Isso acontece porque a Arábia Saudita tem a maior reserva de petróleo inexplorado do mundo – cerca de 226 bilhões de barris, ou um quarto das reservas mundiais conhecidas – e também capacidade para produção adicional. Assim, ela tem condições de, sozinha, compensar qualquer corte de suprimento por parte dos outros grandes fornecedores. E os Estados Unidos dependem desse petróleo para mover sua economia.

Por essa razão, o impacto desse relacionamento na segurança norte-americana é muito significativo. Em troca da preferência de fornecimento aos Estados Unidos, o governo saudita – o que equivale dizer, a família real saudita – se apoia nos norte-americanos para se defender de seus adversários, tanto estrangeiros quanto locais. Durante décadas, os Estados Unidos têm fornecido ao governo saudita consideráveis quantidades de armamento sofisticado, acompanhado de consultores militares, instrutores e técnicos. Em 1990, os Estados Unidos demonstraram até quais extremos vão para defender a Arábia Saudita ao empregarem centenas de milhares de soldados para repelir um possível ataque ao país por parte das forças iraquianas que ocupavam o Kuwait.

Mas a intervenção norte-americana no Kuwait introduziu novos complicadores. Após expulsar as forças iraquianas, os Estados Unidos mantiveram uma grande força militar na Arábia Saudita para assegurar o controle de uma zona aérea no sul do Iraque e impedir novos ataques de Saddam Hussein a outros Estados do Golfo Pérsico. Essa presença estrangeira despertou um poderoso sentimento antiamericano em alguns setores da sociedade saudita. Foi essa percepção que estimulou a campanha terrorista lançada por Osama bin Laden no começo da década de 1990. As drásticas consequências desse antagonismo ainda estão se desenrolando.

Entrando no poço

Os Estados Unidos forjaram sua primeira aliança com a Arábia Saudita durante a Segunda Guerra Mundial, num tempo em que o governo começava a se preocupar cada vez mais com as implicações da diminuição das suas reservas domésticas de petróleo. Naquela época, o governo norte-americano definiu que deveria buscar uma política externa mais agressiva em relação ao petróleo, com o objetivo de assegurar o acesso às reservas estrangeiras. Assim, por volta do final da Segunda Guerra Mundial, a exploração das reservas sauditas tinha se tornado um dos principais objetivos norte-americanos no exterior.

Pela primeira vez na sua história, o governo federal assumiu um papel crítico nos esforços para expandir o envolvimento do país na exploração de um produto de consumo: o petróleo do Golfo Pérsico. O papel básico do governo era estimular a presença de grandes empresas norte-americanas e manter a segurança e a estabilidade nas grandes regiões produtoras petrolíferas.

No final da Segunda Guerra, em fevereiro de 1945, o presidente Franklin Delano Roosevelt voou ao Egito para se encontrar com o rei Ibn Saud a bordo do USS Quincy, um cruzador norte-americano ancorado no Grande Lago Amargo, o portal sul do Canal de Suez. Aqueles que testemunharam o evento se lembram da reunião como um acontecimento extraordinário: de um lado, o líder das forças aliadas e defensor dos ideais democráticos; do outro, um monarca absolutista que nunca tinha viajado para além do vizinho Kuwait e que havia adotado uma forma rígida de islamismo. Entre a comitiva de 48 pessoas de Ibn Saud, havia guarda-costas beduínos, escravos domésticos e o astrólogo real.

Roosevelt e Ibn Saud sentaram-se e conversaram por meio de um intérprete durante cinco horas e meia. Nenhum registro foi mantido dessa reunião, e nenhum norte-americano, salvo Roosevelt, participou das discussões. Mais tarde, o presidente dos Estados Unidos disse que tinha pedido a opinião do rei sobre a criação de um Estado judaico na Palestina, território então controlado pela Grã-Bretanha. Mas não deu nenhuma outra indicação sobre quais outros temas abordaram. Ao que parece, porém, ele pediu e recebeu as bênçãos de Ibn Saud para a construção da base norte-americana de Dhahran, o centro administrativo da indústria petrolífera saudita, e discutiu outros aspectos do relacionamento americano-saudita.

Nunca saberemos até onde as conversações entre Roosevelt e Ibn Saud avançaram. Muitos historiadores e funcionários do governo acham que os dois líderes forjaram uma aliança – a qual obrigava os Estados Unidos a proteger a soberania e a independência da Arábia Saudita, ou melhor, da Casa Real de Saud, em troca da promessa do rei de assegurar o domínio das empresas norte-americanas nos campos petrolíferos do seu reino.

Tendo isso ocorrido ou não, os líderes dos dois países agiram como se fosse exatamente isso que houvessem acordado. Assim, quando o Iraque invadiu o Kuwait em agosto de 1990 e posicionou suas forças nas fronteiras da Arábia Saudita, a administração Bush (pai) citou a reunião de Roosevelt e Ibn Saud como parte da justificativa para a decisão de enviar tropas àquele reino.

O acordo entre Roossevelt e o rei Saud foi vital para a economia norte-americana. De acordo com Michael T. Klare, autor de diversos estudos sobre história contemporânea, "sem o petróleo da Arábia Saudita e de outros fornecedores do Golfo Pérsico, os Estados Unidos e seus aliados nunca teriam atingido os incríveis níveis de crescimento econômico no período pós-guerra".

No entanto, o petróleo saudita impôs um significativo peso estratégico aos líderes norte-americanos. As forças militares da Arábia Saudita eram inferiores às dos seus vizinhos. Assim, coube aos Estados Unidos assegurar a defesa do reino, bem como dos seus poços e oleodutos. Além disso, o presidente Roosevelt prometera, implicitamente ou não, defender o governo saudita. E como periodicamente a família real é antagonizada por seus próprios súditos, os Estados Unidos acabaram se emaranhando nos assuntos internos do reino, basicamente por meio do seu apoio à política da monarquia e às forças de segurança internas.

Bilhões de dólares em modernos armamentos norte-americanos foram transferidos para a Arábia Saudita. A maior parte desse equipamento se destinou às Forças Regulares do país, mas muitas das armas eram para a Polícia e para as Forças de Segurança internas, uma vez que os Estados Unidos apoiavam uma expansão da Guarda Nacional para defender a família real dos seus inimigos pessoais. Além disso, a Engenharia do Exército assumiu responsabilidade pela construção de um novo quartel em Riade – um local que se tornaria mais tarde o alvo de um dos primeiros ataques da campanha de terror de Osama bin Laden.

E como os militares sauditas não tinham treinamento para operar essas armas de alta tecnologia, tal transferência envolveu o emprego de milhares de técnicos e conselheiros militares norte-americanos. Por volta de 1977, o número de norte-americanos servindo no reino era substancial: 4.140, sem incluir seus dependentes. Embora esses conselheiros fossem essenciais ao sucesso dos programas de transferência de armas, eles acabaram se tornando fonte de tensão. Críticos muçulmanos sauditas faziam objeção à presença de tantos *infiéis* no reino, e os sauditas que almejavam reformas e buscavam a abolição da monarquia começaram a ver os Estados Unidos como inimigos.

Um movimento cujo desenvolvimento implicaria na atual *ameaça terrorista* começou a se delinear, quando, durante a administração Ronald Reagan, em troca das armas e do treinamento transferido para a Arábia Saudita, Washington pediu apoio financeiro dos sauditas para as campanhas clandestinas da CIA, visando a derrubar regimes apoiados pelos soviéticos no Afeganistão, na Nicarágua e em outros lugares. Entre aqueles que receberam dinheiro da Casa de Saud para apoiar militarmente os interesses norte-americanos estava um influente empresário saudita, Osama bin Laden. Com os recursos adquiridos, Osama ajudou a recrutar e a treinar rebeldes islâmicos para servir junto aos dissidentes afegãos. Apesar de bem-sucedidos, esses esforços estabeleceram um padrão de auxílio saudita – ou *contribuições de caridade*, como a família real resolveu chamar – aos grupos islâmicos radicais, lançando dessa forma as bases para o surgimento da Al-Qaeda e do Talibã.

Depois da Guerra do Golfo, em 1990, quando os Estados Unidos combateram os iraquianos que haviam invadido o Kuwait, o regime de Saddam Hussein se tornou uma ameaça à Arábia Saudita e, consequentemente, aos interesses norte-americanos. O temor de que Saddam, o líder de um poderoso exército, viesse a invadir a Arábia Saudita se tornou uma preocupação premente. Washington concluiu que a melhor forma de defender eficientemente o reino era estacionar tropas norte-americanas na Arábia Saudita. No entanto, a Casa Branca teve de enfrentar um problema inesperado: a relutância dos sauditas em deixar um grande número de soldados entrar no país. Desde os dias de Ibn Saud, quando se iniciou o relacionamento entre os dois países, a família real nunca tinha se oposto a qualquer presença militar estrangeira no reino.

Inicialmente, o rei resistiu ao pedido de Washington por permissão para estacionar forças norte-americanas no seu reino. No entanto, depois de ver fotografias de satélites que mostravam tanques iraquianos rumando para a fronteira saudita, o monarca se convenceu e permitiu a permanência das tropas no seu país. Mas ele impôs uma condição irrevogável: as tropas tinham de se retirar da Arábia Saudita assim que o perigo iraquiano passasse.

A ação fez que muitos sauditas, entre eles Osama bin Laden, passassem a ver a Casa Real como traidora do seu país. Para piorar ainda mais a situação, Washington manteve cerca de 5 mil soldados na Arábia Saudita, quebrando o acordo que haviam firmado durante a Guerra do Golfo. Esses soldados, a maioria pilotos da aeronáutica, participavam de uma operação de vigilância contra possíveis ataques de Saddam Hussein ao território saudita.

Para Osama bin Laden, porém, esse foi o ato final de traição. Acusando a família real de subserviência aos interesses norte-americanos, ele conclamou seus seguidores a usar quaisquer meios, inclusive violência armada, para derrubar a monarquia e expulsar os norte-americanos do país. O caminho para os atentados de 11 de setembro, em Nova York, estava aberto.

Bin Laden começou seus ataques terroristas contra os Estados Unidos na própria Arábia Saudita. Em 1995, seus homens plantaram bombas em um quartel, em Riade, matando cinco norte-americanos. Um ano depois, atacaram as Khobar Towers em Dhahran (um complexo residencial ocupado pelo pessoal da Força Aérea Americana), matando outros dezenove.

Em seguida, bin Laden buscou atacar alvos norte-americanos no exterior. Em agosto de 1998, seus homens explodiram a embaixada dos Estados Unidos em Nairóbi, Quênia, e Dar es Salaam, na Tanzânia, e em outubro de 2000 atacaram o USS Cole, navio das Forças Armadas norte-americanas atracado em Aden, Iêmen. Em setembro de 2001, o líder terrorista saudita perpetrou o maior ataque estrangeiro em solo norte-americano com os atentados ao World Trade Center, em Nova York, e ao Pentágono, em Washington. "A hostilidade de Osama bin Laden aos Estados Unidos foi provocada basicamente pelo emprego de tropas norte-americanas na Arábia Saudita e pela aliança contínua entre Washington e a família real saudita – a aliança forjada em 1945 entre o presidente Roosevelt e o rei Ibn Saud", afirma Michael T. Klare.

Bin Laden colocou Washington em um dilema: para solucionar o problema interno da Arábia Saudita, os norte-americanos teriam de retirar suas tropas do reino; por outro lado, a administração George W. Bush temia que Saddam Hussein se aproveitasse da retirada para tomar o controle dos preciosos poços sauditas. A solução foi derrubar o regime de Saddam Hussein e instaurar um governo democrático simpático aos Estados Unidos.

Dessa forma, sem um motivo claro – a não ser o medo de que Saddam assumisse o controle da maior reserva de petróleo do planeta, Bush comandou a invasão ao Iraque. Imediatamente após a tomada de Bagdá, as tropas norte-americanas foram removidas da Arábia Saudita, revelando o verdadeiro motivo desse novo envolvimento no Oriente Médio. As tropas norte-americanas continuaram estacionadas no Iraque até agosto de 2010, data a partir da qual permaneceram 50 mil soldados para *cooperação civil* e *preparação das Forças de Segurança iraquianas*.

capítulo 17
Biocombustíveis

Em março de 2007, o ex-presidente norte-americano George W. Bush fez uma visita-relâmpago ao Brasil. Na pauta do encontro entre Lula e Bush estava a assinatura do memorando de entendimento entre o Brasil e os Estados Unidos para avançar a cooperação em biocombustíveis. Bush buscava novas tecnologias para neutralizar a mais grave ameaça ao crescimento dos Estados Unidos, isto é, a dependência do petróleo importado do Oriente Médio.

Apesar do poderio da indústria automobilística norte-americana e da capacidade de pesquisa do país, pouco foi feito nas últimas décadas para estimular o uso de combustíveis alternativos à gasolina. O Brasil, ao contrário, fez sua lição de casa. A experiência na produção de álcool combustível criou no governo brasileiro a expectativa de que o país passe a ser encarado como uma referência internacional no setor energético. Na verdade, um dos estímulos para a pretensão brasileira de se tornar referência em energia é exatamente o desejo que diversos países, incluindo os Estados Unidos, têm manifestado em buscar fontes alternativas ao petróleo. A visita de Bush em março de 2007 foi um reflexo disso.

O Brasil largou, de fato, décadas na frente de qualquer outro país na produção de biocombustível. Atualmente, os combustíveis renováveis se apresentam como uma das respostas mais viáveis para resolver o problema da substituição do petróleo. No entanto, a iniciativa brasileira de produzir biocombustível não foi, em princípio, motivada por preocupações ambientais, mas econômicas. O Proálcool (Programa Nacional do Álcool), um programa governamental de substituição em larga escala de derivados de petróleo por álcool de cana-de-açúcar, foi uma resposta à crise do petróleo de 1973. Estabelecido em 1975, seu objetivo era reduzir a dependência do petróleo estrangeiro. O programa foi bem-sucedido. Já em 1978 surgiam os primeiros carros movidos exclusivamente a álcool, e nas duas décadas seguintes foram produzidos cerca de 5,6 milhões de veículos a álcool hidratado.

Mas o Proálcool sofreu um revés a partir de 1986, quando os preços do barril de óleo bruto caíram cerca de 50%. Essa nova realidade colocou em xeque os programas de substituição de combustíveis fósseis e de uso eficiente da energia em todo o mundo. Neste início de século XXI, o cenário energético mundial voltou a se alterar, demandando biocombustível. Essa virada colocou o Brasil em vantagem.

A tecnologia dos motores *flex* foi outro fator a dar novo fôlego ao consumo interno e externo de álcool. O carro que pode ser movido a gasolina, álcool ou uma mistura dos dois combustíveis foi introduzido no país em março de 2003 e conquistou rapidamente o consumidor. Hoje a opção já é oferecida para quase todos os modelos das indústrias, e os automóveis bicombustíveis ultrapassaram pela primeira vez os movidos a gasolina no mercado interno.

Outra promessa cuja tecnologia o Brasil domina é o *biodiesel*. O combustível renovável derivado de óleos vegetais (como girassol, mamona, soja, babaçu) ou de gorduras animais é fabricado por um processo químico chamado transesterificação, no qual a glicerina é separada da gordura ou do óleo vegetal. O processo gera dois produtos, o éster (o nome químico do *biodiesel*) e a glicerina (produto valorizado no mercado de sabões). Nos Estados Unidos, o *biodiesel* é o único combustível alternativo com completa aprovação do Clean Air Act de 1990 e autorização da EPA para venda e distribuição. Por ser biodegradável, não tóxico e praticamente livre de enxofre e aromáticos, é considerado um combustível ecológico. Analistas preveem que a produção de *biodiesel* no Brasil pode transformar-se em um dos melhores negócios deste século.

Dessa forma, o modelo brasileiro de produção de biocombustíveis pode ser uma alternativa imediata aos problemas provocados pelo consumo de petróleo, ou seja, aquecimento global e terrorismo. O Banco Internacional para Reconstrução e Desenvolvimento (Bird, na sigla em inglês), do Banco Mundial, está investindo em projetos em diferentes partes do mundo para reduzir a emissão de gases poluentes, e a solução brasileira desperta a atenção do órgão. Paul Wolfowitz, presidente do Bird, declarou em fevereiro de 2007 que a produção brasileira de etanol é de uma *eficiência excepcional*. As possibilidades econômicas para o Brasil são únicas. Em março de 2007, a Comissão Europeia (CE), o braço executivo do grupo de 27 países, estabeleceu que pelo menos 20% de toda a energia consumida pelo bloco devem ser provenientes de fontes renováveis até 2020. A CE determinou também que 10% dos combustíveis consumidos pelos automóveis de cada país sejam biológicos.

No entanto, a produção nacional de álcool de cana é suficiente apenas para garantir o consumo interno e uma pequena parcela da demanda internacional. Por isso, o país precisa atrair investimentos estrangeiros para o setor.

Contudo, nem todos são entusiastas da ideia do biocombustível como solução para o problema do aquecimento global. Em abril de 2007, cerca de duzentas organizações ambientalistas assinaram uma carta aberta em que qualificam de "grave ameaça disfarçada de verde" a ideia de elevar a produção e o consumo de biocombustíveis no mundo. Um porta-voz das entidades condenou também o entusiasmo brasileiro com as iniciativas nesse sentido. "Ainda que isso pareça uma grande oportunidade para as economias do [hemisfério] Sul, a realidade demonstrou que os monocultivos para biocombustíveis, como de palmeiras, soja, cana-de-açúcar e milho, conduzem a uma maior destruição da biodiversidade e do sustento da população rural", declarou. De fato, os próprios defensores do *biodiesel* destacam como desvantagem desse combustível o fato de que no "Brasil e na Ásia, lavouras de soja e dendê, cujos óleos são fontes potencialmente importantes de *biodiesel*, estão invadindo florestas tropicais, importantes bolsões de biodiversidade".

Para os ambientalistas, outros tipos de energia alternativa – eólica, solar e de biomassa, por exemplo – são menos danosos ao meio ambiente que os biocombustíveis.

capítulo 18
O combustível do futuro

O mundo é, hoje, movido a derivados do petróleo. Carros, aviões, navios, usinas termoelétricas e um sem-número de aplicações dependem da queima de fontes de energia altamente poluentes, causadoras do efeito estufa. A possibilidade mais promissora de substituição dos combustíveis fósseis por uma fonte *limpa* não vem dos biocombustíveis, mas da célula de hidrogênio.

Embora reconheçam ser preferível aos combustíveis fósseis, os ambientalistas criticam os biocombustíveis, uma vez que eles precisam de grande esforço agrícola. Hoje, uma parte considerável dos grãos produzidos no mundo se destina à alimentação do gado e de outras criações, privando uma grande parte da população faminta dessa fonte de alimento. Também se argumenta que as culturas para produção dos biocombustíveis demandarão mais área de cultivo, o que implicará num aumento do desflorestamento.

A célula de combustível de hidrogênio, ao contrário, é uma fonte de energia absolutamente limpa. O único resíduo é vapor d'água, cujo calor pode ser aproveitado. A primeira foi desenvolvida em 1839 pelo físico inglês William Grove, mas as células de combustível não tiveram aplicação prática até a década de 1960, quando passaram a ser usadas no programa espacial norte-americano para produzir eletricidade e água potável.

Pode-se dizer que a célula de combustível é uma espécie de superpilha, capaz de mover veículos e abastecer grande número de residências e outras instalações com eletricidade. A tecnologia parte de uma ideia simples, mas engenhosa, como todas as grandes invenções. Trata-se de um aparelho conversor de energia eletroquímica, que transforma oxigênio e hidrogênio em água, gerando também energia elétrica e térmica (calor).

Atualmente, existem cerca de seis diferentes tipos de células de combustível de hidrogênio. A Célula de Combustível com Membrana para Troca de Prótons (PEMFC, na sigla em inglês) é uma das tecnologias mais promissoras. Esse é o tipo de célula de combustível que acabará sendo a fonte de energia de carros, ônibus, hospitais, escolas e casas.

Uma das grandes vantagens do hidrogênio é a sua abundância: é o elemento mais simples e mais comum do Universo. O hidrogênio compõe 90% das moléculas de todo o cosmo e constitui 30% da massa solar. É com a energia do hidrogênio que o Sol aquece a Terra, dando condições para que haja vida no planeta.

Hoje, a maior parte do hidrogênio produzido no mundo é utilizada como matéria-prima na fabricação de produtos como fertilizantes, na conversão de óleo líquido em margarina, no processo de fabricação de plásticos e no resfriamento de geradores e motores.

Apesar da abundância do hidrogênio na natureza, esse não é um gás obtido facilmente. Além disso, é difícil de ser armazenado e distribuído. Normalmente transforma-se metanol, gasolina ou álcool em hidrogênio. Esses combustíveis podem então ser usados para alimentação da célula de combustível. Mas os aparelhos que produzem hidrogênio a partir de outros combustíveis, chamados reformadores, não conseguem produzir hidrogênio puro, diminuindo a eficiência da célula de hidrogênio. O gás natural, o propano e o metanol são considerados os combustíveis com maior probabilidade de aplicação. Já existem muitas instalações que geram sua própria eletricidade por gás natural ou tanques de propano. É provável que esses serão os gases usados para as futuras células domiciliares de combustível.

Os críticos dessa tecnologia torcem o nariz por ela precisar gerar o combustível em primeiro lugar, reduzindo a eficiência final do sistema. Dizem que isso tem um resultado pior do que o de um eficiente motor à gasolina. Mas a eficiência do carro à gasolina é surpreendentemente baixa. A eficiência global de um motor acionado por gasolina automotiva é de 20%, isto é, cerca de 20% do conteúdo da energia térmica da gasolina são convertidos em trabalho mecânico. Em comparação, um carro acionado por energia elétrica tem uma eficiência global de cerca de 65%.

Apesar das vantagens ambientais, o atual custo da célula de combustível e a ausência de uma rede de distribuição de hidrogênio ainda são obstáculos para aplicações comerciais. Outro entrave que a tecnologia do hidrogênio encontra, particularmente no Brasil, é a concorrência com os biocombustíveis. Eduardo Serra, diretor do Centro de Pesquisas de Energia Elétrica (Cepel), admite que o uso de células de hidrogênio no Brasil ainda é uma realidade distante. "O país pode explorar outras fontes primárias de energia alternativas ao petróleo: álcool, hidráulica, solar, eólica e até mesmo nuclear", diz Serra.

Mas por conta da eficiência e da limpeza, as células de hidrogênio devem mesmo ser o combustível do futuro. Só os Estados Unidos já investiram mais de 20 bilhões de dólares para dominar a tecnologia, e no Brasil os setores público e privado estão promovendo esforços para implementar o uso comercial desse combustível. No país, sete empresas que desenvolvem células de combustível de hidrogênio largam na frente em escala internacional.

Um bom exemplo da tecnologia nacional de células de combustível de hidrogênio pode ser visto em um dos prédios do Instituto de Pesquisas Energéticas e Nucleares (Ipen) da USP. A sede do Centro Incubador de Empresas Tecnológicas (Cietec) supre suas necessidades de iluminação e de alimentação de máquinas e equipamentos por meio de uma célula de hidrogênio de 50 kW, que foi produzida pela Electrocell, empresa que realiza pesquisas para diminuir o tamanho e o preço dessas células, a fim de concorrer na futura economia à base de hidrogênio. O índice de nacionalização das células de hidrogênio produzidas pela empresa é de 90%. Desde que foi criada há cinco anos, a Electrocell já vendeu trinta células, o que garante um faturamento anual de 800 mil reais. Seus principais clientes são universidades e institutos de pesquisa.

Movido a hidrogênio

Várias cidades nos Estados Unidos já têm seus ônibus movidos a células de combustível de hidrogênio. Esses veículos foram uma das primeiras aplicações dessas células porque, com a tecnologia então disponível, elas tinham de ser muito grandes para produzir a energia necessária para movimentar veículos. Nos primeiros ônibus movidos a células de combustível, mais ou menos um terço do espaço era ocupado pelas células e seus equipamentos periféricos. Agora, depois que se conseguiu aumentar a densidade de energia, os ônibus podem rodar com células muito menores.

No Brasil, o primeiro ônibus movido a célula de hidrogênio foi lançado em 1º de julho de 2009. De acordo com o gerente de desenvolvimento da Empresa Metropolitana de Transportes Urbanos de São Paulo (EMTU/SP), o engenheiro Márcio Schettino, a empresa irá adquirir "até cinco veículos, mais a estação de produção de hidrogênio e abastecimento dos ônibus". Os veículos serão utilizados no Corredor Metropolitano ABD São Mateus/Jabaquara, na capital paulista, durante quatro anos. "O projeto terá investimentos da ordem de 16 milhões de dólares e contará com a participação de um consórcio de oito empresas", informa Schettino.

De forma embrionária, o abastecimento dos veículos movidos a célula de combustível de hidrogênio também já está sendo implementado em nível nacional. Em julho de 2009, a Petrobras inaugurou o primeiro posto para distribuir hidrogênio combustível no Brasil. A unidade funciona no complexo onde está localizada a EMTU/SP, em São Bernardo do Campo, São Paulo.

A geração de energia doméstica é outra aplicação promissora das células de combustível, já disponível em algumas áreas dos Estados Unidos. A General Electric (GE) oferece um sistema gerador a célula de combustível fabricado pela Plug Power, que usa gás natural ou um reformador de propano e gera até 7 kW de energia, o suficiente para a maioria das casas. O sistema da GE produz não só eletricidade, mas também calor, o que permite usá-lo para aquecimento no inverno sem necessidade de energia adicional.

Algumas tecnologias de células de combustível têm potencial para substituir as usinas convencionais geradoras de eletricidade por combustão. As grandes células de combustível serão capazes de gerar eletricidade de maneira mais eficiente do que as atuais usinas. As tecnologias que estão sendo desenvolvidas para essas novas usinas gerarão eletricidade diretamente do hidrogênio na célula de combustível e usarão o calor e a água produzidos na célula para movimentar turbinas a vapor e gerar ainda mais eletricidade.

Já existem sistemas de grandes células de combustível para fornecimento de energia reserva para hospitais e fábricas. Em setembro de 2007, entrou em operação na cidade de Curitiba a terceira das três células de combustível de 200 kW adquiridas pela Companhia Paranaense de Energia (Copel) em 2001. Essa célula, uma das maiores do país, está fornecendo energia elétrica para o Hospital do Câncer Erasto Gaertner. Além da eletricidade, a célula de combustível fornece o calor residual para o hospital.

Veículos: a grande promessa

Apesar do tímido desenvolvimento de uma infraestrutura de abastecimento de veículos movidos a célula de hidrogênio, muitas montadoras estão apostando nessa alternativa. Espera-se que os carros movidos a células de combustível estejam no mercado já na próxima década. Esses carros, bastante semelhantes ao carro elétrico, usam célula de combustível e reformador em lugar de baterias. Os veículos movidos a célula de combustível devem ser abastecidos com álcool ou metanol, embora algumas empresas continuem desenvolvendo reformadores de *diesel* e gasolina. No futuro, os reformadores devem deixar de existir, sendo substituídos por avançados aparelhos de armazenagem de hidrogênio.

No final de 2006, a General Motors (GM) apresentou ao público o Volt, veículo com tecnologia inédita, cujo motor carrega baterias de íon de lítio – o mesmo material usado em celulares. Essas baterias alimentam a tração elétrica do carro, aumentando sua autonomia. O Volt, capaz de rodar até 100 km com 1,5 litro de combustível, é a segunda geração do sistema E-Flex da GM. Trata-se de uma solução alternativa que a montadora está desenvolvendo.

O E-Flex foi um dos grandes destaques do Shangai Motor Show 2007. A nova configuração da arquitetura de propulsão elétrica é equipada com o mais recente e eficiente sistema de pilha de combustível de hidrogênio da GM – a quinta geração desse sistema da empresa. A grande diferença dessa versão é a redução do tamanho – metade daquele da geração anterior, mas com a mesma potência e o mesmo desempenho. A quarta geração armazenava 8 kg de hidrogênio e possuía uma autonomia de 483 km. O Volt equipado com a nova geração de pilha de combustível tem a mesma autonomia, mas necessita de apenas metade (4 kg) da quantidade de hidrogênio.

A julgar pelo entusiasmo da GM, logo estaremos dirigindo carros parcialmente movidos a hidrogênio. Larry Burns, vice-presidente de pesquisa e desenvolvimento da empresa, prevê que já em 2011 e 2012 veículos elétricos a hidrogênio com células de combustível devam estar nos *showrooms* das concessionárias de automóveis. Burns conta que a GM espera produzir após 2012 cerca de 500 mil veículos anualmente.

Além da GM, outras montadoras estão buscando colocar no mercado veículos a célula de hidrogênio. A Ford está desenvolvendo o Crossover Airstream, que prevê o uso de hidrogênio, e a sul-coreana Hyundai também está pesquisando um protótipo movido a hidrogênio, o i-Blue. A plataforma do i-Blue é a terceira geração da tecnologia Fuel Cell da Hyundai. Um dos objetivos da marca sul-coreana é estar em condições de iniciar a produção em massa de veículos a hidrogênio já nesta década.

Células de combustível de hidrogênio

Existem pelos menos quatro tecnologias para combinar hidrogênio e oxigênio e produzir eletricidade, mas elas têm basicamente o mesmo princípio de funcionamento:

Célula de combustível alcalina (AFC): é um dos mais antigos projetos. Tem sido usado no programa espacial dos Estados Unidos desde a década de 1960. É bastante susceptível à contaminação, por isso exige hidrogênio puro e oxigênio. É também uma tecnologia muito cara, daí a pequena probabilidade de sua comercialização.

Célula de combustível de ácido fosfórico (PAFC): poderá ser potencialmente empregada em pequenos sistemas estacionários de geração de energia. Como operam em temperaturas mais altas do que as PEMFC, exigem mais tempo para se aquecerem. Isso as torna inadequadas para uso automotivo.

Célula de combustível de óxido sólido (SOFC): é mais adequada para os geradores de energia estacionários em grande escala, capaz de fornecer eletricidade para fábricas e cidades. Opera em temperaturas muito altas, em torno de 1.000 °C. Uma temperatura tão alta assim implica menor confiabilidade, mas tem uma vantagem: o vapor produzido pela célula pode ser canalizado para turbinas e aumentar a geração de eletricidade, o que otimiza a eficiência global do sistema.

Célula de combustível de carbonato fundido (MCFC): também é mais adequada para os grandes geradores estacionários de energia. Opera a 600 °C, podendo, assim, gerar vapor para produzir mais energia. Como opera em temperaturas mais baixas do que a SOFC, não precisa de materiais tão específicos, o que a torna menos dispendiosa.

PARTE III

AS POLÍTICAS DO AQUECIMENTO GLOBAL

capítulo 19
A campanha de desinformação

Desde que se iniciaram as discussões sobre o aquecimento global, debatia-se, primeiro, se o clima estava realmente se modificando e, segundo, o quanto a atividade humana estava influenciando essa mudança. O mundo se dividiu. De um lado, os defensores da tese de que o calor estava aumentando e de que a culpa era mesmo do homem; do outro lado, os que afirmavam ser isso balela, uma preocupação alarmista, e propagavam a noção de que não estava havendo qualquer alteração no clima da Terra e muito menos que isso era resultado da ação antropogênica. Contudo, em 2007, uma década e meia depois da Eco-92, a comunidade científica foi unânime em afirmar que está, sim, havendo um aumento de temperatura no planeta e que somos nós os culpados. Não restam quaisquer dúvidas.

O Quarto Relatório de Avaliação do IPCC, emitido em fevereiro de 2007, afirma categoricamente que "o aquecimento antropogênico do clima é global e pode ser detectado nas temperaturas da superfície, da atmosfera livre e dos oceanos" e sustenta que "é *extremamente provável* que as atividades humanas tenham exercido uma influência substancial no aquecimento do clima desde 1750" (como dito, *extremamente provável* indica probabilidade maior do que 95%). Para o IPCC, as causas do aquecimento global antropogênico são "emissões de gases de efeito estufa, aerossóis e alterações na superfície terrestre".

Como parte integrante do Quarto Relatório de Avaliação, o Grupo de Trabalho II do IPCC lançou, em 18 de setembro de 2007, o Relatório Completo para os Formuladores de Política. Trata-se de um complemento ao documento lançado em fevereiro daquele ano – o mais acurado estudo já feito sobre as mudanças climáticas que enfrentamos. As conclusões são graves. O texto sustenta que, no século XX, a intensidade das ondas de calor na Europa dobrou, enquanto sua frequência triplicou; o número de furacões duplicou no Atlântico nas últimas décadas do século passado; e as calotas de gelo – cuja água é vital para o abastecimento das cidades e da produção agrícola – estão diminuindo.

Mesmo assim, um poderoso *lobby* busca minimizar tais informações.

O eixo do mal da questão ambiental

Com a conclusão do Quarto Relatório de Avaliação, do IPCC, poderosos conglomerados internacionais viram-se na berlinda. Desde o final da década de 1980, quando as primeiras discussões sobre mudança climática vieram à baila, grandes empresas das áreas petrolífera e automobilística buscaram conscientemente desmentir o fato de que o clima na Terra está sendo alterado. A história foi contada na edição de 13 de agosto de 2007 da revista americana *Newsweek*. A matéria de capa, "The truth about denial" [A verdade sobre a negação], revela que "essa campanha bem coordenada e endinheirada promovida por cientistas contrários [à noção de alteração do clima], analistas de mercado e indústria criou uma névoa de dúvida paralisante em torno da mudança climática". Mesmo depois da emissão do Quarto Relatório de Avaliação do IPCC, a "máquina de negação", como a revista batizou esse esforço, continua a operar a todo vapor, "moldando a política do governo e a opinião pública".

Trata-se de um desserviço como poucos já perpetrados, a ponto de levar alguns analistas a comparar a negação do aquecimento global à negação do Holocausto. Em um primeiro momento, os lobistas da campanha de desinformação afirmaram que o mundo não estava ficando mais quente e sustentaram que as medições que indicavam o contrário estavam equivocadas. Depois, quando os primeiros estudos mostraram que esse argumento não podia mais ser sustentado, os lobistas disseram que o aquecimento é natural, ou seja, que não é consequência da atividade humana. Agora, com a conclusão inequívoca do IPCC, argumentam que o aquecimento terá poucas consequências e que é inofensivo.

No final dos anos 1980, empresas individuais e associações industriais, representantes dos setores petrolífero, siderúrgico e automobilístico, formaram grupos lobistas, sob forma de ONGs como a Global Climate Coalition (GCC, ou Coalizão Global para o Clima) – da qual faziam parte gigantes como Exxon/Esso, Ford, Royal Dutch Shell, Texaco, British Petroleum, General Motors, Daimler Chrysler – e o Information Council on the Environment (ICE, ou Conselho de Informação sobre o Meio Ambiente).

A intenção desses grupos não era realizar pesquisas e estudos complementares sobre o aquecimento global, mas influenciar a opinião pública de que nada demais estava acontecendo. Em 1991, vazou um memorando estratégico do GCC que instruía os lobistas a anunciar que o aquecimento global era apenas uma "teoria e não um fato". O ICE também adotou essa orientação, financiando cientistas que ainda não estavam convencidos da realidade do aquecimento global.

Em 1998, o prestigioso jornal *The New York Times* publicou uma matéria sobre um memorando do ICE escrito por um especialista em relações públicas do American Petroleum Institute. De acordo com o jornal, o documento descrevia um plano para "recrutar um grupo de cientistas que compartilhasse a percepção sobre as alterações climáticas com a indústria e treiná-los em relações públicas de forma que pudessem ajudar a convencer jornalistas, políticos e o público de que o risco do aquecimento global é por demais incerto para justificar o controle sobre as emissões de gases-estufa". O jornal informou também que, para a realização dessa estratégia, a organização disponibilizou um orçamento de 5 milhões de dólares.

Recentemente, a Exxon Mobil, antigo membro do GCC, foi repreendida por senadores norte-americanos por doar, ao longo de anos, 19 milhões de dólares a institutos de pesquisa para produzirem, nas palavras do senador Jay Rockefeller, "dados muito questionáveis". Outras indústrias do *lobby* fizeram o mesmo. A história do meteorologista da Universidade da Virgínia, Patrick Michaels, confirma isso. Ao longo da década de 1990,

Michaels publicou diversos artigos em importantes jornais desmoralizando a tese de que o clima da Terra estava esquentando por conta das nossas atividades. Em um artigo de 1989 que saiu no jornal *The Washington Post,* o meteorologista – vale dizer que ele não realizava pesquisas sobre a mudança climática – ridicularizava o que chamou "ambientalismo apocalíptico", segundo ele "a mais popular neorreligião desde o marxismo". Anos depois, Michaels admitiu ter recebido 165 mil dólares da Western Fuels Association [Associação de Combustíveis do Oeste], uma cooperativa que fornece carvão e combustíveis para uma grande região no oeste e sudoeste norte-americano, para denegrir as opiniões dos cientistas que propagavam a ideia do aquecimento global.

Naquele primeiro momento, as estratégias iniciais dos lobistas da desinformação funcionaram numa clara instância de "politização da ciência", isto é, adequação da verdade científica aos interesses políticos. Dois meses antes da Eco-92, cuja pauta de discussões incluía, além da salvação de espécies ameaçadas de extinção e das florestas tropicais, debates sobre o corte voluntário de emissões de gases-estufa, o ICE e o GCC, associados ao conservativo The George C. Marshall Institute, lançaram um estudo concluindo que os modelos existentes sobre tais gases tinham "exagerado substancialmente sua importância". O estudo atribuía o "pequeno" aquecimento global que poderia estar acontecendo a um aumento da intensidade da radiação solar. Desde então, a ideia do "sol variável" se tornou uma das principais armas do arsenal daqueles que negam a mudança climática.

A Eco-92 foi concluída apenas com a sugestão de que os países participantes voluntariamente estabilizassem, em 2000, suas emissões de gases-estufa nos níveis de 1990. Evitar cortes obrigatórios foi uma primeira vitória dos lobistas da desinformação. Em 2000, os níveis de emissão de gases-estufa nos Estados Unidos foram 14% superiores aos de 1990.

A força da desinformação foi avassaladora. A Eco-92 levou ao Protocolo de Kyoto um documento que propõe cortes obrigatórios nas emissões de gases-estufa, assinado, até dezembro de 2006, por 169 países, inclusive o Brasil. E, como bem se sabe, dois dos maiores emissores *per capita*, os Estados Unidos e a Austrália, não ratificaram o tratado, pois, segundo seus líderes, isso custaria "empregos" e "desenvolvimento" a esses países. E entre o medo de parar de crescer e a incerteza sobre a mudança climática, optou-se por não sacrificar o desenvolvimento econômico.

De fato, os detratores da verdade científica sobre o clima estavam firmemente entrincheirados na administração Bush. Em 2005, o jornal *The New York Times* divulgou que Philip Cooney, um dos chefes de equipe do American Petroleum Institute, tinha "editado repetidamente relatórios climáticos para o governo com dados que diminuíam a relação entre as emissões e o aquecimento global". Cooney havia sido contratado, em 2001, pela administração Bush como chefe do Conselho de Qualidade Ambiental da Casa Branca.

Os "negadores" também mantêm sua força no Congresso norte-americano. Conforme Robert J. Samuelson colocou no seu artigo de capa da edição de 13 de agosto de 2007 da *Newsweek*, "até certo ponto, a ideia da negação [dos efeitos dos gases-estufa] está indo no piloto automático". É que, explica o jornalista, "alguns congressistas a internalizaram completamente". Em julho de 2007, isto é, após o parecer do IPCC confirmando que está mesmo havendo uma mudança climática decorrente das ações humanas, o republicano Dana Rohrabacher afirmou: "Acho que é grandiloquência demais acreditar que [as atividades humanas] são capazes de alterar algum ciclo climático que esteja acontecendo naturalmente". Na verdade, grandiloquência é ignorar os diversos estudos que provam o contrário daquilo que Rohrabacher julga ser verdade – ou promulga como tal.

Vista grossa

As consequências dessa campanha são desastrosas, uma vez que neutralizam as forças políticas necessárias para a liderança de uma ação eficiente contra essa ameaça não só a nós, mas a toda vida planetária. Os líderes mundiais estão divididos, sem que ninguém assuma o esteio da situação. Ao mesmo tempo que pelo menos dois dos maiores emissores mundiais de gases de efeito estufa, Estados Unidos e China, adotam a postura de que "algo tem de ser feito, mas sem sacrificar o crescimento do país" e apostam não em cortes das emissões, e sim em novas tecnologias, líderes de nações emergentes, como Luiz Inácio Lula da Silva, também esbravejam para que seus países não tenham os índices de crescimento afetados por cortes obrigatórios de emissão. O ex-primeiro-ministro australiano, John Howard, chegou a afirmar que "os verdadeiros negadores da mudança climática são aqueles que pregam o pessimismo malthusiano ou o anticapitalismo". Howard acredita que "a engenhosidade humana direcionada no sentido de criar uma tecnologia limpa, aliada ao sábio desígnio institucional, continua sendo nossa melhor arma contra a mudança climática". Mas apostar em novas tecnologias – as quais não estão completamente desenvolvidas – para se resolver o problema sem cortar as emissões de gases-estufa pode ser temerário.

George W. Bush, quando líder do país mais poderoso do mundo, teve uma atuação tímida, se não contrária, na solução do impasse. Depois de ter sido pressionado pelos alemães em reunião do G8+5 – a qual deu um grande passo, ao reconhecer a existência "sem qualquer dúvida" de uma alteração climática causada pelo homem –, enfim marcou para o fim de setembro de 2007 um encontro com os maiores líderes mundiais para discutir a questão ambiental. Bush afirmava que queria sair dele com metas de cortes de emissão de gases-estufa já para 2008. A reunião, como se esperava, não deu em nada.

Contudo, a administração Barack Obama está mais comprometida com o problema da mudança climática. Em janeiro de 2010, o presidente assinou uma ordem executiva para reduzir as emissões de gases-estufa por parte do governo dos Estados Unidos em 28% até 2020. O país também ratificou o Acordo de Copenhague – o fracassado acordo internacional que buscava substituir o Protocolo de Kyoto, de 1997, definindo metas de corte de emissões para os países desenvolvidos e em desenvolvimento – visando a reduzir os níveis das emissões em 17% dos níveis de 2005 até 2020.

Já não há tempo suficiente para atacar o grave problema do aquecimento global e da crise ambiental, mas os líderes mundiais continuam envolvidos em um imediatismo desenvolvimentista que visa a garantir o crescimento de suas economias e gerar resultado nas urnas. Assim, o carro da história prossegue desgovernado rumo a um futuro incerto e ameaçador.

capítulo 20
Crescimento e carbono

Assim como se sabe que o aquecimento global é fato real e ocorre por causa da ação humana, sabe-se que ele pode ser revertido. A estabilização das emissões de CO_2 e de outros gases causadores do efeito estufa é possível e economicamente viável. O Quarto Relatório emitido pelo IPCC desde 1990 declara que "há considerável potencial econômico para mitigar as emissões globais de gases-estufa nas próximas décadas, o que poderia contradizer o crescimento projetado para elas ou mesmo reduzi-las a um nível inferior ao atual". No entanto, Rajendra K. Pachauri, cientista-chefe do IPCC, também lembrou que "temos muito pouco tempo para revertermos a tendência de aumento nas emissões de gases que geram o efeito estufa". Segundo ele, "não podemos nos dar ao luxo de [considerarmos que há] tempo".

O IPCC afirma que muitas tecnologias podem ter um importante papel na redução das emissões. O time de cientistas observa, porém, que a eficiência energética é "a chave para muitos cenários na maior parte das regiões e para o tempo que resta". Conforme o líder do IPCC, incentivos econômicos se fazem necessários para impulsionar qualquer iniciativa.

"A tecnologia por si só não basta" para resolver o problema, declarou ele. Além disso, lembrou Pachauri, novas "tecnologias têm uma clara ligação com a política dos governos. Os incentivos devem vir de impostos ou de um preço para o carbono".

Entretanto, o envolvimento político conclamado por Pachauri está bem aquém da gravidade do problema, não assumindo a ação necessária para evitar danos permanentes ao clima da Terra. Enquanto a comunidade científica e diversos setores da sociedade se empenham para conter o sério problema do aquecimento global, as lideranças políticas permanecem paralisadas, assumindo uma posição pragmática quanto à crise, preocupando-se mais em garantir o crescimento econômico de seus países.

"Pense globalmente, haja localmente." A frase virou lema de campanhas que visam a estimular o comprometimento individual para minorar os estragos provocados pela sociedade industrial. Para tanto, porém, é preciso cacife político. Em um artigo recente, Matthew Spencer, executivo-chefe do Regen SW, a agência de energia renovável para a região do sudoeste da Inglaterra, argumenta que há poucos sinais de que as comunidades locais estejam recebendo poder político para combater o aquecimento global. Para Spencer, a única forma de se reverter a mudança climática que testemunhamos é transformando-a em um problema local. "Os níveis da emissão global de carbono refletem bilhões de pequenas decisões tomadas diariamente sobre o uso de energia em cada vila, cidade e metrópole no mundo todo", escreve Spencer.

No entanto, nota o autor, pouca atenção está sendo dada à importância que a ação local tem na redução das emissões. "Nossos políticos investem cada vez mais capital político em negociações internacionais sobre a mudança climática e, de vez em quando, promovem campanhas nacionais dizendo-nos para *fazer a nossa parte*, mas mostram pouca disposição em apoiar a tomada de decisão local com relação à energia. A percepção dominante é a de que uma combinação de diplomacia internacional, taxação das emissões de CO_2 e tecnologia irão nos salvar". Por conta disso, ações positivas deixam de ser tomadas em favor de "interesses locais", sempre ligados a níveis de crescimento econômico.

De fato, os países em desenvolvimento, entre eles China, Índia e Brasil, responsáveis por grande parte das emissões de CO_2, não querem deixar de crescer. A administração George W. Bush preferiu fazer vista grossa ao fato de o clima da Terra estar mudando e provocando catástrofes a desacelerar sua economia. Barack Obama, apesar do discurso aparentemente engajado, também pouco fez no sentido de assumir a liderança mundial do movimento de descarbonização. Com efeito, a maior parte da comunidade internacional ainda espera dos Estados Unidos um compromisso, mas enfatiza que o papel de liderança que o país busca exercer no combate à emissão de gases poluentes depende de ações concretas nesse sentido por parte do seu governo.

Nesse jogo de empurra, ninguém ainda se comprometeu de fato. Confrontadas com uma decisão a ser tomada em nível global – e não mais nacional ou regional –, as instituições políticas de todo o mundo se abstêm de assumir e determinar as responsabilidades específicas de cada participante do problema. Trata-se de um momento único na história da humanidade. Pela primeira vez, a questão não pode ser resolvida pela guerra, mas por meio da colaboração mútua e do trabalho em conjunto. Presos à questão local, sem ver a implicação global, infelizmente, até o momento, essa oportunidade histórica ainda não foi realmente assimilada pela comunidade política internacional.

Créditos de carbono

Provavelmente, a medida mais eficiente (embora certamente não seja a mais eficaz) tomada na arena política no sentido de diminuir as emissões de CO_2 tenha sido a criação do mercado de créditos de carbono. A ONU autorizou os países que estiverem aquém das metas assumidas no Protocolo de Kyoto a participarem de empreendimentos, em países em desenvolvimento, que diminuam ou evitem a emissão desse gás. Ou seja, podem compensar a poluição que produzem em casa colaborando para diminuí-la nos países em desenvolvimento, como Brasil, Índia e China, ou subdesenvolvidos, como os africanos. Esses países conseguiriam, dessa forma, acumular créditos de carbono. É o Mecanismo do Desenvolvimento Limpo (MDL) previsto no Protocolo de Kyoto.

Diversas empresas foram autorizadas pela ONU a desenvolver projetos para redução de emissões de gases: substituição de carvão mineral ou óleo *diesel* por biomassa ou *biodiesel* nas usinas elétricas; reflorestamento; captação do gás metano de aterros sanitários ou fazendas de suínos; e substituição total ou parcial do óleo *diesel* pelo *biodiesel* nas frotas de caminhões, ônibus, tratores, locomotivas e barcos – ações que dão créditos de carbono para as empresas que as promoverem. As empresas poluidoras compram em bolsa ou diretamente das empresas empreendedoras as toneladas de carbono sequestradas ou não emitidas, sob forma do Certificado de Redução de Emissões (CRE). A tonelada de carbono foi cotada entre 15 e 35 euros em 2007, mas sofreu uma queda com a crise financeira de 2008/2009, chegando aos 10 euros em fevereiro de 2009. De acordo com o Banco Mundial, o mercado de carbono está estagnado desde 2008.

As quantidades não emitidas de gases que aumentam o efeito estufa são controladas por empresas especializadas de acordo com determinações de órgãos técnicos da ONU. A produção de biocombustíveis, por exemplo, só é reconhecida pela ONU como MDL se o produtor for também o consumidor final ou se o programa estiver associado a uma atividade que faça uso do combustível. Isso evita a dupla contagem de créditos por um mesmo produto. De outra forma, o produtor de *biodiesel* poderia requerer os mesmos créditos de carbono que uma empresa de ônibus reivindicaria ao passar a utilizar o combustível em sua frota.

Segundo alguns críticos, o mecanismo não é isento de problemas. O prestigioso jornal *The Financial Times* afirmou em um editorial que "os mercados de carbono criam uma confusão", pois "dão margem à manipulação". É o eterno problema de se lidar com números frios. Para gerar créditos de carbono, as áreas reflorestadas podem, por exemplo, ser replantadas com espécies de crescimento rápido, como o eucalipto, o que não resolveria o problema de conservação dos ecossistemas nativos. No entanto, os números revelariam que certas porções de floresta foram, realmente, replantadas, elegendo-as a receber créditos de carbono.

Seja como for, o mecanismo já está em vigor. Em setembro de 2007, o mercado de carbono foi inaugurado pelo Brasil e pela Holanda. O banco holandês Fortis pagou mais de 18 milhões de dólares pelos direitos de emissão de 800 mil toneladas de CO_2 no primeiro leilão desse tipo, regulado pela Bolsa de Mercadorias e Futuros (BM&F) do Brasil. A prefeitura de São Paulo detinha os créditos, ganhos por ter implementado um projeto que diminuiu a emissão de grande quantidade de metano na atmosfera. O gás provinha do aterro Bandeirantes, um dos maiores da capital. Com o projeto, o biogás produzido no local passou a ser usado para gerar 22 megawatts de energia elétrica, suficiente para suprir eletricidade para 400 mil pessoas.

Apesar das críticas, o mercado de carbono oferece uma oportunidade para os países pobres preservarem seus recursos, sem precisar saqueá-los para crescer. Conforme observou John Ashton, executivo-chefe para mudança climática do escritório de relações exteriores da Grã-Bretanha, o aquecimento global inclui uma questão moral: "A maior parte dos gases de efeito estufa que estão na atmosfera foi emitida pelos países desenvolvidos sem a menor preocupação", reconhece ele, propondo que as nações ricas tomem a liderança no sentido de resolver o problema.

capítulo 21
O Protocolo de Montreal

Em 1987, foi assinado o mais bem-sucedido acordo ambiental internacional, o Protocolo de Montreal. Preocupadas com a descoberta, feita em 1974, de que certos produtos químicos usados em determinadas indústrias destroem a camada de ozônio que protege a Terra da radiação solar, a ONU propôs um tratado internacional para reduzir esses compostos – usados, até meados da década de 1980, nos setores de refrigeração e ar-condicionado, produção de espumas, limpeza industrial, extintores de incêndio, fabricação de agrotóxicos, e também em itens domésticos, como copos descartáveis de isopor, refrigeradores, desodorantes *spray* e almofadas.

As Substâncias que Destroem a Camada de Ozônio (ODSs, na sigla em inglês) tornam essa camada menos densa. Essa perda de O_3 é uma ameaça ao meio ambiente e à saúde humana. Sem a proteção desse gás, níveis mais altos de radiação atingem a superfície terrestre. A maior radiação UV, por sua vez, aumenta a incidência de câncer de pele e de catarata e compromete também o sistema imunológico.

Pesquisadores acreditam que a superexposição à radiação UV está contribuindo para aumentar o número de casos de melanoma, o mais fatal dos cânceres de pele. No meio ambiente, um aumento na intensidade de raios UV ameaça o equilíbrio ecológico dos sistemas hídricos e das florestas. Adicionalmente, a radiação UV prejudica lavouras, como a de soja, reduzindo sua produtividade.

Cientistas afirmam que o fitoplâncton, a base da cadeia alimentar marinha, já está sob estresse causado pelo excesso de radiação UV. Esse estresse pode ter efeito profundamente negativo na cadeia alimentar e, consequentemente, na produção da indústria da pesca.

Felizmente, com cooperação internacional, o problema foi minorado. De forma inegável, o Protocolo de Montreal contribuiu para a diminuição do efeito estufa desde que entrou em vigor, em 16 de setembro de 1987, com o objetivo de proteger a camada de ozônio eliminando a produção e o consumo de substâncias responsáveis por sua destruição.

Para a ONU, o instrumento transcendeu seu objetivo de proteger a camada de ozônio, reduzindo a emissão de ODSs. De acordo com a coordenadora para a América Latina e o Caribe do Programa de Acompanhamento do Cumprimento do Protocolo no PNUMA, Miriam Vega, graças ao Protocolo, mais de 95% das substâncias que afetam a camada de ozônio foram eliminados. A maior parte desses produtos se constitui de CFCs. Como mencionado, esses compostos químicos eram usados como propelentes em aerossóis, isolantes em equipamentos de refrigeração e para produzir materiais plásticos, mas foram substituídos por produtos alternativos nas indústrias que os utilizavam.

A eliminação dessas substâncias promoveu um impacto positivo sobre o aquecimento global. O sucesso do Protocolo de Montreal impediu a emissão de 25 bilhões de toneladas de CO_2, em virtude das mudanças industriais derivadas da eliminação de certos ODSs. Segundo a EPA, isso equivale a uma redução de 8,9 bilhões de toneladas métricas de carbono na atmosfera todos os anos. Esse número pode ser traduzido na redução das emissões associadas com a geração de energia elétrica para todas as casas norte-americanas durante treze anos, ou ainda com a preservação de 89 milhões de acres de florestas no mundo todo – uma área mais de duas vezes o estado da Flórida – ou uma economia de aproximadamente 4,5 trilhões de litros de gasolina. Os cálculos da agência indicam que, só nos Estados Unidos, cada dólar investido na proteção da camada de ozônio resulta em 20 dólares em benefícios de saúde pública. Entre 1990 e 2065, esse montante representará uma economia de 4,2 trilhões de dólares.

Ainda de acordo com a EPA, a camada de ozônio está estável, ou seja, sem destruição adicional, desde 1998, em quase todo o mundo. Por conta da gradual remoção de ODSs da atmosfera, a EPA acredita que o buraco sobre a Antártida – região da maior falha na camada de ozônio – deverá retornar aos níveis anteriores a 1980 entre 2060 e 2075.

Não há dúvidas de que o Protocolo de Montreal, assinado por 191 países, é uma história de sucesso, um estímulo e uma prova de que, com vontade política e cooperação internacional, podemos reverter o aquecimento global que ameaça não só a humanidade, mas toda a vida do planeta. Conforme propunha o acordo, em 1999, o nível de CFCs foi reduzido em 50% em relação aos níveis de 1986. No entanto, o problema não está completamente resolvido. Entre 17 e 21 de setembro de 2007, o grupo de trabalho que participa do Unep se reuniu pela 19ª vez para retificar o Protocolo de Montreal, visando a elaborar novas medidas para eliminar por completo a ameaça à camada de ozônio.

Trabalho a fazer

No primeiro dia da reunião, Joe Farman, um dos cientistas que descobriu o buraco na camada de ozônio sobre a Antártida, escreveu um artigo no qual nega a "crença popular de que a camada de ozônio está salva". "Não é bem assim", adverte o cientista. Se o Protocolo de Montreal teve sucesso em eliminar grande parte dos CFCs, ainda há o problema dos *halons*, ou hidroclorofluorcarbonos (HCFCs), compostos químicos formados por elementos halogênicos (flúor, cloro, bromo e iodo) e usados, principalmente, em extintores de incêndio e como substitutos dos CFCs em aparelhos de ar-condicionado, alguns tipos de refrigeradores e espumas.

O Protocolo de Montreal determinou que, até 1992, o consumo de HCFCs fosse congelado nos níveis de 1986. No entanto, seu uso não foi eliminado. "Sob essas medidas, o acúmulo de cloro e brometo [potenciais destruidores da camada de ozônio] na atmosfera não foi interrompido, apenas diminuído", observa Farman. "Isso me parece um resultado muito fraco das negociações, que começaram em 1977, e que foi chamado por muitos de um sucesso, um compromisso, mas também – e com alguma justificativa – de uma confusão e um fracasso."

Farman lembra que em 1999, foram destinados 232 milhões de dólares para a total interrupção da produção de CFCs na China e na Índia até 2009. A maior preocupação nas negociações do Protocolo era substituir rapidamente os CFCs por novas substâncias químicas, os HCFCs e hidrofluorcarbonos (HFCs) – as opções preferidas da indústria. Era uma questão de ceder um pouco para ganhar outro pouco, uma vez que cerca de 75% da produção de CFCs estava, na época, a cargo de treze conglomerados. Essas multinacionais da área química concordaram em fechar suas fábricas de CFC se o Protocolo lhes concedesse tempo o bastante para lucrarem com os investimentos na produção de HCFC e de HFC.

O time de negociadores do Unep aceitou de pronto a proposta das indústrias. As substâncias que substituiriam os CFCs passaram a ter diretrizes específicas, mas não controle; a ação a ser tomada quanto ao seu destino foi deixada em aberto. "Na minha opinião, essa abordagem foi tremendamente errada", declara Farman. De fato, pesquisas demonstram que grandes quantidades de CFC e HCFC foram liberadas desnecessariamente na atmosfera por conta de falta de controle da produção.

Na opinião de Farman, "mais ênfase devia ser dada a metas de longo prazo, encorajando-se o desenvolvimento de tecnologias livres de HCFC e mais eficientes em termos de consumo de energia, para se proteger a camada de ozônio, desacelerar a mudança climática e reduzir o custo de tecnologias, como a de refrigeração, nos países em desenvolvimento".

Apesar do entusiasmo com os resultados dos primeiros vinte anos do Protocolo de Montreal, a própria EPA reconhece que ainda há trabalho a fazer e enumera diversas medidas a serem tomadas para eliminar o problema por completo (veja quadro a seguir). O problema dos HCFCs é, de longe, o mais sério. Por exemplo, a quantidade de halon-1301 – um produto usado em sistemas estacionários de proteção a incêndios, como os empregados em supercomputadores e coleções de arte – está aumentando na atmosfera. Essa tendência deve continuar pelos próximos dez anos, pois, apesar de a produção da substância ter sido abandonada nos países desenvolvidos em 1994, os países em desenvolvimento puderam fabricá-la até 2010.

> **Diretrizes da EPA em relação à diminuição da camada de ozônio**
>
> De acordo com a EPA, o trabalho contínuo ainda se faz necessário para eliminar a ameaça das ODSs. A agência propõe as seguintes diretrizes:
>
> Completar a eliminação de ODSs.
>
> Continuar a educar o público, notadamente as crianças, sobre como se proteger da exposição excessiva à radiação UV.
>
> Continuar a implementar abordagens eficientes e flexíveis.
>
> Continuar a estimular parcerias domésticas e internacionais para proteger a camada de ozônio.
>
> Estimular o desenvolvimento de produtos, tecnologias e iniciativas que produzam benefícios com relação ao aquecimento global e à eficiência energética.

Outro problema é a incongruência entre os Protocolos de Montreal e de Kyoto. De acordo com o primeiro, os países em desenvolvimento não precisam, até 2016, controlar o consumo do HCFC-22, usado principalmente em equipamentos de ar-condicionado, e podem manter o consumo nos níveis de 2015 até que a fase de eliminação seja completada, em 2040. Acontece que a fabricação do HCFC-22 gera um subproduto, o HFC-23, um gás gerador de efeito estufa com potencial de aquecimento global 11.700 vezes maior do que o CO_2.

No entanto, a eliminação de HFC-23 passou a gerar créditos de carbono sob o MDL do Protocolo de Kyoto. Em 2005, a destruição dessa substância respondeu por 64% do valor de todos os projetos de MDL. No ano seguinte, 51% deles eram de destruição do HFC-23. Destruir o produto permitido pelo Protocolo de Montreal se tornou lucrativo por meio do mecanismo do Protocolo de Kyoto.

Para se ter uma ideia dos problemas gerados pela incongruência entre os dois Protocolos, a empresa química indiana SRF acumulou, entre 2006 e 2007, o valor de 96 milhões de dólares em créditos de carbono por causa da destruição do seu estoque de HFC-23 – a segunda maior fonte de receita da firma. Isso alimentou um acalorado debate, no qual se questiona se a geração de créditos de carbono baseada na eliminação de HFC-23 constitui desenvolvimento sustentável.

As negociações continuam

Na 19ª Reunião das Partes, que aconteceu em Montreal em setembro de 2007, os signatários do Protocolo de Montreal concordaram em reduzir de maneira mais agressiva os HCFCs. De fato, o grupo de discussão se atentou para a diminuição das emissões dos países em desenvolvimento. O acordo final foi resultado de seis propostas dos governos de países em desenvolvimento e desenvolvidos: Argentina, Brasil, Noruega, Islândia, Suíça e Estados Unidos.

De acordo com a decisão, a eliminação total desses produtos foi antecipada. Os países em desenvolvimento deveriam congelar os níveis de consumo desses gases nos níveis de 2009 e os de produção, de 2010. Em 2012, deverá haver uma redução de 10% em relação aos níveis de 2009/2010. Em 2020, a redução será de 35% e, em 2025, de 67,5%. Os HCFCs devem estar completamente eliminados até 2040.

Os benefícios climáticos do acordo mais rígido para a eliminação de HCFCs dependerão das opções tecnológicas para substituição dessas substâncias ao longo do período de trinta anos estipulado para sua extinção. O Unep estima que as novas medidas resultarão numa diminuição de 9 bilhões de toneladas métricas de CO_2. Isso equivale a retirar da atmosfera a quantidade de CO_2 emitida por 60 milhões de carros todos os anos, durante os próximos trinta anos, ou a reduzir em 50% as emissões da frota de veículos de passeio dos Estados Unidos, todos os anos, durante trinta anos, ou ainda a acabar com a poluição causada pelas termoelétricas para suprir a eletricidade de 40 milhões de casas todos os anos, durante o período estipulado.

Lição de casa

Imediatamente após a 19ª reunião das Partes do Protocolo de Montreal, o Brasil começou a fazer sua lição de casa. O Grupo de Trabalho do Ozônio se reuniu em 3 de outubro de 2007, em São Paulo. Durante o encontro, ele discutiu os primeiros passos para colocar em prática, no Brasil, a decisão de antecipar os prazos de eliminação dos HCFCs.

Todos os setores da iniciativa privada que usam esses gases foram convidados a participar da discussão. Na reunião, foi debatida a necessidade da realização de um diagnóstico refinado sobre o consumo dos HCFCs no Brasil, bem como em quais segmentos a conversão das indústrias é prioridade e o modo de identificar aquelas que poderão receber recursos do Fundo Multilateral do Protoloco de Montreal para financiar suas conversões.

Embora o problema esteja minorado e apesar do otimismo dos cientistas e políticos e do aparente empenho das indústrias envolvidas, o buraco na camada de ozônio continua. E certamente, durante as próximas décadas, não poderemos deixar de usar protetor solar ao nos expormos às radiações UV.

PARTE IV

SOLUÇÕES

capítulo 22
Soluções para salvar o planeta

O clima do planeta está mudando num ritmo provavelmente mais rápido do que se havia previsto anteriormente. Geleiras estão desaparecendo nos Andes, o gelo do Ártico está derretendo a olhos vistos, as chuvas de verão estão se intensificando nas regiões Sudeste e Sul do Brasil. Todos sabemos que algo precisa ser feito sem perda de tempo.

Muitas soluções possíveis têm sido propostas para reduzir o aquecimento global. Algumas delas são medidas práticas. Outras, grandiloquentes. Há busca de soluções em nível político e também no âmbito energético e de transportes, como a adoção de biocombustíveis e outras fontes de energia *limpa*, além das soluções para conter o desmatamento, como o desenvolvimento sustentável.

No entanto, se há um consenso sobre o fato de que algo deve ser feito, alguns cientistas e grupos envolvidos no problema do aquecimento global estão pessimistas quanto à velocidade da adoção das soluções propostas. Outros, alarmistas, duvidam da eficiência de algumas das medidas sugeridas e querem ações mais radicais, baseadas em geoengenharia. Há, ainda, os otimistas, aqueles para quem a aplicação de novas tecnologias resolverá o problema o mais rapidamente possível. A resposta, porém, não se constitui de uma única solução isolada, mas de um conjunto de soluções sincronizadas, as quais, ao longo do tempo, poderão reverter o quadro tenebroso do futuro que nos aguarda segundo as previsões atuais.

A comunidade científica tem debatido o problema e feito propostas que podem contribuir para que a situação do planeta não se deteriore ainda mais, até que a passagem de um mundo movido a combustíveis fósseis para um movido a energia *limpa* tenha sido completada.

Uma maneira de sequestrar monóxido e dióxido de carbono, dois dos principais gases que provocam o efeito estufa, é usar os oceanos. Os mares do planeta detêm 36 trilhões de toneladas de carbono e absorvem a cada ano 10 gigatons de carbono. O gigaton é uma unidade de medida de massa que corresponde a 1 bilhão de toneladas, o que ilustra a incrível quantidade de carbono que o oceano detém. De acordo com a Nasa, a superfície dos oceanos já absorve cerca de 40% das emissões antropogênicas. Por conta dessa característica, alguns cientistas propuseram bombear as emissões das usinas termoelétricas direto para o fundo do mar. Modelos de computador demonstraram que isso provavelmente funcionaria. O problema seria o elevadíssimo custo de uma operação como essa.

Engenharia planetária

Outros mecanismos para se reverter o aquecimento global são propostos pela geoengenharia, ou engenharia planetária. Trata-se da aplicação de tecnologia com o propósito de influenciar as propriedades globais de um planeta. No passado recente, alguns astrônomos, entre eles Carl Sagan, propuseram o uso da engenharia planetária para, em tese, tornar outros mundos habitáveis. E, atualmente, uma ala da comunidade científica está propondo o uso dessas técnicas para salvar a Terra.

A mais radical dessas propostas envolve nada menos do que mover a órbita do nosso planeta para mais longe do sol, o que provocaria seu esfriamento. Para tanto, seria necessário detonar 5×10^{21} de bombas de hidrogênio a fim de mover a Terra para 1,5 milhão de km mais longe do sol. Trata-se de uma ideia inviável.

Outra sugestão vem da Academia Nacional de Ciências dos Estados Unidos, que sugeriu um sistema que funcionaria como um guarda-sol para o planeta. A academia calculou que, se 55 milhões de espelhos de 100 m² cada um fossem colocados em órbita, eles seriam capazes de refletir luz solar o bastante para compensar grande parte do calor produzido pelas emissões de CO_2. O maior problema aqui é o custo. Mike MacCracken, cientista-chefe de projetos sobre mudança climática do Climate Institute de Washington, sustenta que o preço de qualquer solução baseada no espaço a torna, por enquanto, proibitiva.

Há outras soluções nascidas da geoengenharia, estas mais possíveis de serem aplicadas. John Martin, um cientista do Laboratório Marinho Moss Landing, na Califórnia, propôs, em 1986, lançar ferro no fundo dos oceanos. Isso aumentaria sobremaneira a quantidade de fitoplâncton, que, como dito, consome grandes quantidades de CO_2. Quando esses microrganismos morrem, afundam e levam com eles o CO_2 absorvido. Experimentos demonstraram que isso pode dar certo, entretanto, se desconhece o impacto ambiental que o aumento de fitoplâncton nos oceanos pode acarretar.

Também há a proposta do "vulcão humano". Estudos realizados durante a erupção do Monte Pinatubo em 1991 constataram o efeito refrigerador da nuvem de enxofre liberada pelo vulcão. Com base nessas verificações, alguns cientistas propõem bombardear a atmosfera com projéteis de enxofre a partir de canhões instalados em navios. Isso aumentaria o albedo, isto é, a refletividade da Terra. Não se sabe, entretanto, como atingir o equilíbrio. Ken Caldeira, do Departamento de Ecologia Global do Instituto Carnegie da Universidade Stanford, Califórnia, acredita que dificilmente conseguiríamos o equilíbrio ideal com a medida do "vulcão humano". Ao mesmo tempo que esse mecanismo pode resfriar a temperatura do planeta, pode destruir a camada de ozônio. A solução de um problema resultaria, portanto, em outro igualmente grave.

As ideias apontadas pela geoengenharia são pouco viáveis e estimulam a inação com relação a medidas mais eficientes. Em lugar de bombardear a estratosfera com enxofre ou aumentar a quantidade de fitoplâncton nos oceanos, é mais coerente investir no desenvolvimento de energia limpa e garantida, como a solar ou a eólica.

Portanto, ainda há muito a fazer antes de se recorrer à geoengenharia. Como bem observou David Keith, pesquisador da Universidade de Calgary, no Canadá, a crença de que as soluções propostas pela engenharia planetária são eficientes diminui a vontade política necessária para reduzir as emissões dos gases-estufa. E, ao continuarmos esperando uma resposta paternalista, isto é, a percepção de que "alguém" vai resolver o impasse, ninguém assume a responsabilidade individual necessária para que, com a participação de todos, o aquecimento global possa ser revertido.

Além da eficiência questionável das propostas da geoengenharia para o problema, há também a questão ética. Não se conhece as consequências da aplicação dessas soluções. Portanto, não seria correto mudarmos todo o planeta a partir da compreensão humana.

Bom-senso

Há, contudo, propostas menos mirabolantes e, sem dúvida, mais práticas do que aquelas desenvolvidas pela engenharia planetária. Elas envolvem, porém, a participação de todos – o que requer conscientização. Os cientistas do Centro de Voos Espaciais Goddard (GSFC), da Nasa, que participam do projeto Exploring the Environment (ETE) – uma iniciativa de divulgar soluções e fazer o público participar da resolução do problema – acreditam que a "solução mais simples não é novidade nenhuma: conservação". De acordo com a EPA, 4 litros de gasolina liberam 8,64 kg de CO_2 na atmosfera. Cada quilowatt de eletricidade gerada por termoelétricas a carvão produz 1,4 kg de CO_2. Logo, usar menos significa emitir menos, lembram os técnicos da Nasa. E, ainda segundo a EPA, o uso de eletrodomésticos e lâmpadas equipados com dispositivos para economizar eletricidade diminuirá a necessidade de construção de novas usinas.

Entre aqueles que têm os pés no chão com relação ao problema do efeito estufa estão os membros da União dos Cientistas Preocupados (UCS, na sigla em inglês), organização, fundada em 1969 por membros do corpo docente e alunos do prestigioso Massachusetts Institute of Technology (MIT), que trabalha pela saúde do meio ambiente.

Criticada pelos setores conservadores da sociedade, tachada de "grupo ativista de esquerda" pela ênfase que coloca na questão ambiental, a UCS tem buscado desenvolver soluções práticas e produzir mudanças nas políticas governamentais, nas práticas corporativas e nos hábitos dos consumidores. Seus membros são otimistas. Afirmam que já temos a tecnologia e a capacidade inventiva necessárias para limitar e anular a ameaça do aquecimento global.

A organização aposta em investir em fontes de energia renováveis, em dispositivos para melhorar a eficiência dos eletrodomésticos e dos carros que usamos, a fim de diminuir a dependência e o consumo dos combustíveis fósseis que estão provocando a mudança climática que enfrentamos atualmente. Essas medidas têm a vantagem, defende a UCS, de continuar fomentando o crescimento econômico, com a geração de novos empregos e redução de gastos com energia. O grupo propõe "cinco medidas práticas" já disponíveis (veja quadro a seguir), além de mudanças de comportamento individuais – basicamente economizar recursos, consumir conscientemente e reciclar. Afinal de contas, raciocinam esses cientistas, se são as ações humanas que estão causando o desequilíbrio no clima do planeta, é lógico que podemos reduzir a ameaça por meio da mudança de comportamento.

> **"Cinco medidas práticas" propostas pela UCS para resolver o problema da mudança climática**
>
> **Construir carros e veículos mais eficientes e econômicos**: veículos movidos a biocombustível e a célula de hidrogênio contribuiriam para reduzir drasticamente o nível de emissão de CO_2 na atmosfera, diminuindo, assim, o efeito estufa.
>
> **Modernizar o sistema de produção de energia elétrica**: estimulando o uso e o desenvolvimento de fontes de energia *limpa*, como a eólica, e a solar, célula de combustível de hidrogênio etc.
>
> **Aumentar a eficiência energética de casas, escritórios, hospitais e edifícios públicos**: por exemplo, com o uso de lâmpadas e eletrodomésticos que consomem menos energia elétrica.
>
> **Proteger as florestas ameaçadas**: em todo o mundo, as florestas sequestram cerca de 10 trilhões de toneladas de carbono anualmente. De acordo com o IPCC, há 850 milhões de acres disponíveis para se plantar árvores. Reflorestada, essa área teria capacidade de absorver de 60 a 90 bilhões de toneladas de carbono, cerca de 15% das emissões até 2050.
>
> **Apoiar a capacidade inventiva**: consumir e aplicar a tecnologia que será desenvolvida.

No entanto, os cientistas da UCS reconhecem que o tempo é curto. "Se começarmos hoje, podemos resolver o problema e reduzir as desagradáveis consequências que esperam por nós se nada fizermos", avisam em seu site (www.ucsusa.org). Enfatizam: "O custo da inação é inaceitavelmente alto".

Não há como contestar. O CO_2 permanece na atmosfera por cerca de cem anos. Quanto mais demorarmos para reduzir as emissões desse e de outros gases causadores do efeito estufa, mais tempo levaremos para resolver o problema. Nesse período, as consequências podem se tornar mais sérias, ou até mesmo irreversíveis.

Sem tempo para "medidas cosméticas"

Dois dos mais eminentes cientistas britânicos, o criador da Hipótese Gaia, James Lovelock, e o chefe do Museu de Ciência de Londres, Chris Rapley, duvidam que os atuais planos para reduzir as emissões de carbono tenham resultados imediatos. Lovelock e Rapley não acreditam que medidas como a adoção, em médio prazo, de energia renovável disponham de tempo para salvar o planeta. Lovelock defende a interferência direta no clima por meio da engenharia planetária. Mas a ideia dos dois cientistas não é nem mirabolante, nem arriscada. Ao contrário, é bem simples e, melhor de tudo, tem boas chances de dar certo.

Lovelock e Rapley inventaram um sistema de tubos flutuantes para resfriar a água do mar ao mesmo tempo que potencializa a capacidade dos oceanos de absorver CO_2. Os tubos funcionam como bombas de água. São dispostos desde a superfície do mar, mergulhando até as águas profundas e frias. Conforme os tubos mergulham movidos pelas ondas, a água fria do fundo sobe à superfície do mar, resfriando-a. E uma válvula simples regula o fluxo de água.

Como a água fria dos oceanos contém mais vida, seu potencial de absorção de carbono é maior. Trazê-la para a superfície do mar, onde o carbono é sequestrado, aumenta, portanto, a capacidade do mar de sequestrar CO_2.

Coincidentemente, uma empresa norte-americana, a Atmocean, desenvolveu a mesma ideia sem conhecer o trabalho dos britânicos, nem estes, as pesquisas da Atmocean. A empresa já começou a testar a tecnologia com resultados encorajadores. Phil Kithil, presidente da Atmocean, calcula que a ação de 134 milhões de tubos absorveria um terço das emissões antropogênicas de CO_2 por ano.

Lovelock e Rapley também acreditam que os tubos fomentarão o crescimento de algas que produzem dimetilsulfeto (DMS), uma substância química que ajuda a formar nuvens sobre os mares, refletindo a luz solar da superfície da Terra, reduzindo ainda mais a temperatura. Outra vantagem de se reduzir a temperatura da superfície do mar na região do Golfo do México é a diminuição do número de furacões, pois estes são formados apenas quando a água da superfície está quente, acima de 32 °C.

A invenção está em fase de estudos e ainda não se determinou o projeto final nem o tamanho dos tubos – os usados pela Atmocean em seus testes transportaram água fria de uma profundidade de 200 m. Igualmente importante é o fato de que ainda não se sabe ao certo que efeitos ambientais a ação dos tubos provocaria. A acidificação do oceano é um dos problemas que preocupa os cientistas. O aumento do nível de carbono nos mares pode levar a um desequilíbrio indesejado.

Rapley enfatiza que o sistema de tubos oceânicos não resolve por si só o problema do aquecimento global, mas pode ganhar tempo, enquanto outras medidas e tecnologias estão sendo desenvolvidas. Também pondera que não há problema ético algum nessa solução, uma vez que as emissões antropogênicas de gases que causam o efeito estufa já estão tendo impacto ambiental negativo, comprometendo a sobrevivência de diversas espécies animais e vegetais.

Como funcionam os tubos de resfriamento oceânico

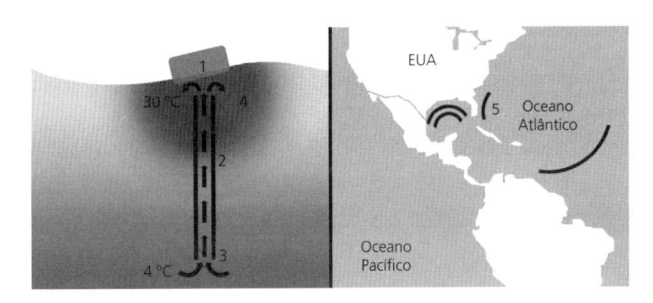

Fonte: BBC News

1. Boia: mantém o tubo em posição.
2. Tubo: James Lovelock acredita que os tubos devam ter cerca de 100 m de comprimento para atingir águas frias e 10 m de largura; Phil Kithil, da Atmocean, acha que devam ter 200 m de comprimento e 3 m de largura.
3. Válvula: pode ficar no alto ou embaixo do tubo, sendo mais fácil a manutenção no primeiro caso. A água sobe através da válvula aberta conforme o movimento das ondas. Não é, portanto, necessário o auxílio de motores.
4. Água fria: bombeada pelo movimento das ondas, a água fria sai do tubo na superfície.
5. Locais dos tubos: a localização dos tubos na região do Golfo do México pode ajudar a reduzir o número de furacões.

capítulo 23
Desenvolvimento sustentável

No capítulo 5, "As mudanças nas dinâmicas do ciclo de negócios globais", do relatório Panorama Econômico Mundial (publicado em outubro de 2007), o Fundo Monetário Internacional (FMI) constata que o crescimento econômico mundial está sendo "compartilhado por todos os países de uma forma sem precedentes". O estudo afirma que "a economia global está agora em seu quinto ano de forte expansão", o maior período de crescimento desde o final da década de 1960 e o início dos anos 1970.

A crise financeira de 2009 também não inibiu, como se poderia esperar, o crescimento econômico: apenas redirecionou o eixo de desenvolvimento, concentrando-o nos países do BRIC (acrônimo referente a Brasil, Rússia, Índia e China) que se destacaram no cenário mundial pelo rápido crescimento econômico em desenvolvimento. Não obstante à crise de 2009, o Relatório da CIA para 2025 prevê que os próximos vinte anos assistirão a um crescimento econômico sem precedentes na história humana.

A boa notícia mascara, porém, o custo ambiental desse desenvolvimento contínuo. Basta apenas mencionar o efeito estufa que literalmente disparou nos últimos cinquenta anos – período que coincide com a expansão econômica do pós-guerra e, mais recentemente, com o empuxo de desenvolvimento encabeçado por países como os do BRIC. A roda do progresso posta em movimento pela reconstrução da Europa (destruída na Segunda Guerra Mundial) e patrocinada pela polpuda oferta de capital norte-americano por meio do Plano Marshall, acabou abrindo a comporta para poluição de todos os tipos, explosão demográfica, falta de água e de alimentos, buraco na camada de ozônio, derretimento de geleiras...

Além disso, o desenvolvimento não foi homogêneo. Durante o processo, o fluxo de capital internacional não foi bem distribuído. Enquanto alguns países foram beneficiados por investimentos estrangeiros, outros não atraíram os recursos financeiros e tecnológicos necessários para crescerem, sendo berrante a iniquidade social gerada. Hoje, cerca de 20% da humanidade consomem 80% da energia gerada. Os habitantes das nações industrializadas, cerca de 25% da população planetária, servem-se de 75% dos recursos naturais da Terra. De acordo com ambientalistas, esse superconsumo é a principal causa da degradação ambiental que estamos testemunhando. Sabe-se que nunca todas as pessoas do mundo poderão experimentar o modo de vida ocidental. O planeta simplesmente não tem recursos para que isso seja possível.

A percepção de que o desenvolvimento econômico é limitado não é nova. No final dos anos 1970 e início dos 1980, época em que a crise ambiental começava a mostrar seus sinais, alguns analistas e ativistas começaram a tecer críticas ao modelo tradicional de desenvolvimento. Com efeito, basta uma folheada nos jornais para constatar que o modelo da sociedade de consumo é materialista, bélico, individualista, competitivo e destruidor do meio ambiente.

Os fóruns do debate ecológico, dos quais participavam cientistas e ambientalistas, foram os primeiros a denunciar esse modelo de desenvolvimento que promete o atendimento das necessidades humanas mediante crescimento econômico e modernização tecnológica, mas que, na verdade, está exaurindo e comprometendo os recursos planetários sem tirar da miséria uma parcela significativa da humanidade. Movimentos ecológicos começaram a propor um novo conceito de desenvolvimento, uma noção que incorporava a dimensão ambiental à ideia de crescimento.

A preocupação com os impactos do modelo tradicional de desenvolvimento para o futuro do planeta se disseminou. A ONU promoveu, já em 1972, a I Conferência sobre o Meio Ambiente Humano. O MIT realizou um estudo a pedido do Clube de Roma sobre os limites do crescimento. O Relatório Meadows, resultado da pesquisa dos cientistas do MIT, foi o primeiro documento a alertar sobre a impossibilidade de o mundo continuar nos patamares de crescimento de então, sob pena de esgotamento dos recursos naturais. O estudo concluía que os níveis de crescimento – industrialização, poluição, produção de alimentos e exploração de recursos naturais – cresciam em proporção geométrica, enquanto a capacidade de renovação das matérias-primas e fontes de energia, em proporção aritmética.

O Relatório Meadows propagou a crise ambiental nos meios científico e empresarial. Em resposta aos problemas resultantes do progresso galopante, surgiram algumas teses que buscavam propor um limite ao crescimento econômico. A teoria do *crescimento zero*, por exemplo, sugeria a paralisação do aumento das forças produtivas, mas com manutenção do nível produtivo alcançado até então. A vantagem desse modelo é que, enquanto os países ricos estabilizavam seu crescimento, as nações pobres continuariam a se desenvolver até aquele nível, eliminando as desigualdades sociais em escala mundial. Era, porém, uma medida impraticável. As ideias mais viáveis que surgiram eram ligadas a tecnologias ambientais. O embrião da ideia de desenvolvimento sustentável começava a tomar forma.

O conceito de desenvolvimento sustentável entrou em cena em 1987 com a publicação do documento Nosso Futuro Comum pela Comissão Mundial sobre Meio Ambiente e Desenvolvimento (CMMAD), apelidada de Comissão Brundtland, conforme o nome do seu presidente, e formada por representantes de governos, ONGs e pela comunidade científica internacional, sob o guarda-chuva da ONU. O documento define desenvolvimento sustentável como o "desenvolvimento capaz de garantir as necessidades do presente sem comprometer a capacidade das gerações futuras de também atenderem às suas". O texto reconhece, porém, a difícil conciliação entre crescimento econômico, superação da pobreza e preservação do meio ambiente.

A frouxa definição de "desenvolvimento sustentável" contida no relatório da CMMAD (que, aliás, continua bastante flexível e um tanto imprecisa) deu margem a diferentes conceitos e propostas. Uma dessas propostas foi a criação de novos mecanismos de mercado que condicionariam a produção à preservação ambiental, como o estabelecimento de impostos ecológicos ou a incorporação do custo ambiental ao custo dos produtos. Essa ideia resultou no desenvolvimento de um mercado de licenças de cotas para emissão de gases que causam o efeito estufa, principalmente o carbono.

Ecoeficiência

Outro modelo de desenvolvimento sustentável envolve a ideia de ecoeficiência. O termo foi cunhado em 1992, pelo Conselho Empresarial sobre Desenvolvimento Sustentável (WBCSD, na sigla em inglês), um conselho mundial integrado por diversas empresas, principalmente indústrias. De acordo com a proposta do WBCSD, a ecoeficiência deve ser atingida por meio "da liberação de bens e serviços que satisfazem as necessidades humanas e trazem qualidade de vida, enquanto reduzem progressivamente os impactos ecológicos e o uso intensivo de recursos ao longo do ciclo de vida a um nível mais de acordo com a capacidade da Terra".

O conceito de ecoeficiência pressupõe que a ecologia e o mercado são compatíveis. "Ecoeficiência envolve estratégias e habilidades para se produzir mais, melhor, com menor consumo de materiais, água e energia, em bases preço-competitivas, sem comprometer o gerenciamento das finanças e da qualidade, contribuindo para a qualidade de vida e, ao mesmo tempo, reduzindo a carga, ônus, dano e impactos ambientais causados por bens e serviços", diz João S. Furtado, biólogo, doutor em ciências e professor livre-docente, consultor e colaborador do Programa de Gestão Estratégica Socioambiental Responsável (Progesa) da Faculdade de Economia e Administração da USP, citando Verfaillie e Bidwell. A ecoeficiência é medida pela relação entre o valor do produto ou serviço e seu impacto ambiental.

A maior fabricante de cosméticos do Brasil, a Natura, é exemplo de empresa que vem apostando na ecoeficiência. Nem mesmo o avanço dos concorrentes faz a empresa recuar nas ideias que a pautam desde sua fundação, em 1969. A estratégia é não só continuar a apostar em iniciativas ambientais, mas também estender a ideia aos seus fornecedores. O Programa Natura Carbono Neutro, por exemplo, prevê a compensação de todas as emissões de gases-estufa resultantes dos processos da empresa e também da sua cadeia de fornecedores. E, se na maioria das empresas os bônus dos executivos estão atrelados ao resultado financeiro, na Natura, a remuneração variável do seu pessoal foi relacionada às metas ambientais. Além disso, o balanço ambiental da Natura – que já converteu toda a sua frota de veículos para gás natural, utiliza matéria-prima vegetal no lugar de produtos de origem animal e usa refis para evitar o desperdício de embalagens – passará por uma auditoria externa, da mesma forma que seu balanço financeiro.

No segundo trimestre de 2007, a empresa elevou sua receita em 10,9%, em comparação ao mesmo período de 2006, enquanto o lucro líquido permaneceu praticamente estável. No entanto, para os acionistas que haviam investido numa empresa que crescia cerca de 30% em anos recentes, o resultado decepciona.

Perspectiva do astronauta

Uma concepção alternativa de desenvolvimento sustentável, batizada de *perspectiva do astronauta* pelo pesquisador Wolfgang Sachs, do Instituto do Clima, Meio Ambiente e Energia de Wuppertal, Alemanha, em alusão às imagens da Terra fotografadas do espaço, se enraizou firmemente em alguns setores do movimento ambientalista e da comunidade científica. Esse ponto de vista envolve, em última instância, a saúde do planeta como um todo.

"Desde os anos 1970, o mundo tem sido cada vez mais percebido como um corpo físico mantido por uma variedade de processos biogeoquímicos, em lugar de uma coleção de estados e culturas", escreveu Sachs.

Para os defensores dessa visão, a maior vítima do desenvolvimento desenfreado é o próprio planeta. É ele que deve ser salvo. Esse discurso, advogado com mais veemência pela comunidade científica, propõe que a Terra como um todo seja alvo de intervenção científica e política. Problemas globais, como o buraco na camada de ozônio ou o aquecimento do planeta, devem ser abordados globalmente. Criar garantias de sustentabilidade passa a ser cada vez mais um problema de política mundial. Isso significa dizer que o gerenciamento de soluções e de recursos financeiros deve ser feito em escala global e não em termos de países ou de grupos isolados. Nesse contexto, se inserem os acordos globais como o Protocolo de Montreal, que busca reduzir as emissões de CFCs e de HCFCs, os quais destroem a ozonosfera.

Garantia de subsistência

Há ainda, entre as diversas tendências que constituem o termo *desenvolvimento sustentável*, uma perspectiva que defende a abertura de caminhos que garantam os meios de subsistência não somente para a população urbana, mas também para os grupos sociais mais atingidos pela crise ecológica, como camponeses, seringueiros e os povos indígenas, que dependem da terra e do acesso a recursos naturais. Trata-se da chamada *perspectiva doméstica* de desenvolvimento sustentável. Não é, porém, uma alternativa fácil de ser adotada, uma vez que pressupõe que os ricos abram mão de boa parte de sua riqueza.

Cientes de que os países pobres nunca atingirão os níveis de consumo das nações ricas, pois isso excederia a *capacidade de sustentação do planeta*, os defensores dessa visão argumentam que, sem uma redução do uso dos recursos por parte dos países industrializados, não será possível que 75% da população mundial melhorem suas condições de vida.

Isso significa cobrar ações de parte da população, de uns poucos países que possam abrir mão do seu consumo excessivo, para permitir o desenvolvimento das sociedades mais pobres. A ideia é que as nações mais ricas usem menos os recursos naturais de outros povos e reduzam o *espaço ambiental* que ocupam – o qual, de acordo com o pesquisador José Augusto Pádua, é "o espaço apropriado para a vida humana entre o mínimo requerido para as necessidades sociais básicas e o máximo que pode ser assimilado pelo meio ambiente". Em outras palavras, os mais abonados deveriam diminuir seu espaço ambiental para que este seja o mesmo para qualquer pessoa, não importando sua nacionalidade, crença, etnia, sexo ou preferência sexual. Isso significaria, no mínimo, o perdão da dívida externa dos países pobres – grande responsável pela degradação ambiental nessas nações, uma vez que estes se veem obrigados a dilapidar seus recursos naturais para saldar seus débitos internacionais. Infelizmente, é mais fácil esperar que um camelo passe pelo buraco de uma agulha do que os ricos – sejam países ou indivíduos – abrirem mão de suas conquistas materiais.

Os três blocos humanos

O pesquisador José Augusto Pádua propõe uma classificação da humanidade em três grandes blocos de acordo com seu consumo dos recursos do planeta:

Bloco I: formado por cerca de 1/5 da humanidade, ou cerca de 1,2 bilhão de pessoas, corresponde ao grupo de alto consumo. É responsável por 82,7% do PIB mundial, 81,2% do comércio global e 50% da produção de grãos. Respondem pelo consumo de 60% dos fertilizantes artificiais, 92% dos veículos particulares, 75% da energia, 81% do papel e 85% dos produtos químicos.

Bloco II: constituído por 3/5 dos seres humanos, aproximadamente 3,6 bilhões de pessoas, correspondendo ao grupo de rendas média e baixa. É responsável por 15% do PIB e 17,8% do comércio mundial e pela produção de 30% a 40% dos alimentos primários e responde por 10% a 15% do consumo de energia.

Bloco III: formado por 1/5 da população humana do planeta, corresponde ao grupo mais pobre. Produz apenas 1,4% do PIB e registra 1% do comércio mundial. Esse 1,2 bilhão de pessoas não tem acesso a eletricidade, telefone, computador, internet e outras benesses do mundo globalizado.

capítulo 24
Educação ambiental

Apesar dos incríveis avanços científicos que a humanidade conquistou depois da Revolução Industrial, a maneira como nos relacionamos com o *outro* – sejam os animais, as plantas, os recursos naturais ou as pessoas – continua sendo arcaica. Nossa tendência pessoal é fazer do *outro* um objeto para a satisfação dos nossos desejos e necessidades. Grosso modo, a humanidade como um todo ainda não é capaz de considerar o *outro* um *sujeito* com as mesmas vontades e necessidades de cada um de nós.

O impulso da nossa civilização foi o de objetificar o meio ambiente, transformá-lo em *coisa* para ser usada como melhor lhe aprazer. O resultado catastrófico já pode ser percebido: espécies animais e vegetais sendo extintas a uma velocidade assustadora; refugiados ambientais espalhados pelo mundo, morrendo de inanição; recursos naturais esgotados por terem sido explorados de forma irracional; desflorestamento; poluição excessiva; aquecimento global.

A crise ambiental que vivemos é ética. É uma crise gerada por desconsiderarmos as necessidades do outro, por não levar em conta a delicada teia de relações que é a biosfera. A forma de se reverter o problema passa pela mudança nas relações entre os homens e deles com o meio ambiente.

No entanto, esse é um paradigma difícil de ser mudado. O impulso humano imediato é transformar os recursos naturais em objeto de lucro, sem se considerar as consequências. É por esse motivo que muitos ambientalistas insistem na necessidade de se recompensar financeiramente as pessoas responsáveis pela manutenção dos recursos florestais.

Mas para se quebrar o paradigma da objetificação do meio ambiente (e das pessoas) é preciso uma mudança de mentalidade, ou metanoia, como chamam os filósofos. E o catalisador dessa metanoia pode ser a educação.

Nova mentalidade

Desde os anos 1970, quando aconteceram as primeiras conferências internacionais para se debater a crise ambiental que atravessamos, a ideia de educação ambiental foi tomando corpo. Ao longo dos debates, foi percebida a necessidade de se criar atividades educativas que busquem fomentar a reflexão sobre as relações dos seres que compartilham o planeta, do ser humano com ele mesmo e com o meio ambiente.

No Brasil, em 1999, a Diretoria de Educação Ambiental do MMA e a Coordenação Geral de Educação Ambiental do Ministério da Educação criaram, com a 9.795/99, o Órgão Gestor da Política Nacional de Educação Ambiental. O art. 2º dessa lei estabelece que "a educação ambiental é um componente essencial e permanente da educação nacional, devendo estar presente, de forma articulada, em todos os níveis e modalidades do processo educativo, em caráter formal e não formal".

Apesar da lei que garante o ensino da educação ambiental nas escolas brasileiras, sua implantação tem encontrado alguns problemas. "Existem grandes dificuldades nas atividades de sensibilização e formação, na implantação de atividades e projetos e, principalmente, na manutenção e continuidade dos já existentes", explica Rosimari A. Viveiro Ruy, mestra em educação ambiental pela Unesp de Rio Claro. Segundo a pesquisadora, "fatores como tamanho da escola, número de alunos e de professores, predisposição destes professores em passar por um processo de treinamento, vontade da diretoria de realmente implementar um projeto ambiental que vá alterar a rotina na escola" são os principais entraves para a implantação de uma educação ambiental eficiente no currículo escolar brasileiro.

Outra dificuldade que os educadores ambientais enfrentam tem a ver com a própria característica dessa disciplina. A educação ambiental é, por definição, interdisciplinar. Não se trata, portanto, de uma matéria específica, nem de uma parte complementar do currículo de ciências ou geografia, mas uma disciplina que tem de ser trabalhada em conjunto com as demais. Mas justamente por ser interdisciplinar, a responsabilidade pelo seu ensino acaba se dissolvendo. "Falta uma coordenação melhor, um maior envolvimento por parte da direção das escolas", sustenta Beatriz Siqueira, coordenadora do Programa Mata Atlântica Vai à Escola, uma iniciativa da ONG SOS Mata Atlântica que está capacitando professores de algumas escolas da rede pública em São Paulo.

Beatriz enumera outras deficiências da educação ambiental presente nas escolas das redes pública e particular: "É preciso haver conteúdo, mas esse conteúdo está sendo dado de forma deficiente nas escolas: não há programas efetivos e há deficiência na capacitação dos professores". Além disso, "alguns educadores têm dificuldade de trabalhar em grupo, outros não têm tempo, algumas escolas não têm apoio da direção".

Prática

A educação ambiental envolve uma mudança de paradigma, uma posição mais comprometida com relação ao meio. "Deve-se trabalhar questões pequenas, práticas diárias e individuais, para depois se atingir o global", defende Beatriz Siqueira. Por esse motivo, projetos impostos por pequenos grupos ou atividades isoladas não são capazes de produzir a mudança de mentalidade necessária para que atitudes como reduzir o consumo e reciclar o lixo se estabeleçam, extrapolem o ambiente escolar e atinjam a comunidade. "A aprendizagem será mais efetiva se a atividade estiver adaptada às situações da vida real da cidade, ou do meio em que vivem aluno e professor", sugere a educadora Rosimari A. Viveiro Ruy.

Cientes dos problemas e buscando suprir as deficiências da educação escolar, tanto em escolas públicas como em particulares, diversas organizações da sociedade civil estão envolvidas em projetos de educação ambiental.

Sociedade civil

O objetivo de qualquer iniciativa de conscientização ambiental é atingir a toda comunidade. Para tanto, é fundamental a formação de multiplicadores, isto é, agentes que levem adiante os conceitos da educação ambiental, passando-os para outras pessoas. O ideal é que o processo de sensibilização, que tem início na escola, transcenda esse ambiente e atinja as comunidades em que vivem os alunos, os professores e os funcionários.

Nessa postura, diversas ONGs têm atuado no sentido de preencher a lacuna deixada pelas escolas. Um exemplo é o Programa Mata Atlântica Vai à Escola, da ONG SOS Mata Atlântica. Implementado em cinco escolas da rede pública no início de 2008, depois de um piloto realizado em três instituições, o programa tem por objetivo sensibilizar, capacitar e mobilizar professores e alunos do Ensino Fundamental da rede pública e privada sobre a importância da conservação ambiental e do bioma Mata Atlântica. "As atividades desenvolvidas no programa buscam incentivar os alunos à reflexão e à adoção de novas práticas ambientais, como a utilização consciente dos recursos naturais por meio de uma linguagem mais simples, popularizando conceitos como restauração, biodiversidade, conservação, água e legislação", afirmou a coordenadora do programa.

Os educadores participam de encontros de capacitação constituídos de atividades presenciais, com duração de dezesseis horas, e a distância, além de terem acompanhamento *on-line* durante o ano letivo. Os principais eixos temáticos trabalhados são: educação ambiental, recursos hídricos, mudanças climáticas, resíduos sólidos e biodiversidade.

As escolas participantes têm como benefícios a capacitação dos educadores, material pedagógico com sugestões de atividades e sistema em rede para a troca de informações e experiências entre os professores capacitados pelo programa. Há também a formação de um banco de dados com as escolas participantes, que mostra as atividades realizadas e um balanço geral do programa.

Nas escolas da rede pública, o programa está sendo patrocinado pela própria SOS Mata Atlântica. Nas particulares, o Mata Atlântica Vai à Escola será viabilizado pela receita gerada pela adesão às carteirinhas de estudantes, que têm validade em todo o território nacional. "Com a aquisição de uma carteirinha extra, cada aluno de escola particular proporcionará uma carteirinha para um aluno da escola pública", observa Adauto Basílio, diretor da SOS Mata Atlântica.

Dessa forma, a SOS Mata Atlântica busca dar o primeiro passo na direção de uma educação ambiental eficiente: a sensibilização. A educação ambiental é, de fato, capaz de provocar a mudança de mentalidade em relação ao meio ambiente necessária para que deixemos de nos relacionar com ele de forma irresponsável. "É preciso ter paciência e constância", ensina Beatriz Siqueira. "Temos primeiro de sensibilizar para, sem cobrar, conquistar as pessoas."

Atividades de educação ambiental

Não é só na escola que se aprende a educação ambiental. Pais, associações comunitárias e organizações da sociedade civil podem estimular atividades que proporcionem a mudança de mentalidade que a educação ambiental procura realizar em relação ao meio ambiente. O Ambientebrasil, um portal criado para oferecer informações sobre o meio ambiente para a comunidade corporativa brasileira (www.ambientebrasil.com.br), sugere algumas ações diretas para a prática da educação ambiental:

Visitas a museus, criadouro científico de animais silvestres.

Passeios em trilhas ecológicas: normalmente as trilhas são interpretativas; apresentam percursos nos quais existem pontos determinados para interpretação com auxílio de placas, setas e outros indicadores. Feitos a partir da observação direta do ambiente, os desenhos tornam-se instrumentos eficazes para indicar os temas que mais estimulam a percepção ambiental do observador.

Parcerias com Secretarias de Educação de municípios: formando Clubes de Ciências do Ambiente, com o objetivo de executar projetos interdisciplinares que visem a solucionar problemas ambientais locais (agir localmente, pensar globalmente). Os temas mais trabalhados são reciclagem do lixo, agricultura orgânica, arborização urbana e preservação do ambiente.

Ecoturismo: essa prática, além de divertida, informa e desperta a consciência ambiental nas pessoas. Por estimular a memória afetiva, isto é, a associação de boas lembranças à natureza, tem sucesso em provocar a mudança de paradigma que a educação ambiental fomenta.

Publicações: a leitura de livros e revistas que abordem os problemas do meio ambiente e a ação dos seres humanos sobre ele também dissemina os objetivos da educação ambiental.

Educação Ambiental para funcionários: algumas empresas e organizações da sociedade civil buscam treinar funcionários da área florestal, orientando-os sobre os procedimentos ambientalmente corretos em suas funções. É uma boa forma de se formar multiplicadores, pois os funcionários treinados tendem a se tornar responsáveis pelas práticas conservacionistas em seu ambiente de trabalho, estendendo-as ao seu lar e à sua família.

Atividades com a comunidade e campanhas de conscientização ambiental: diversas ONGs e outras organizações da sociedade civil organizam e incentivam várias atividades comunitárias. Normalmente, os programas de voluntariado de organizações ambientais, como os da SOS Mata Atlântica e do Greenpeace, propõem atividades que envolvem educação ambiental.

Linha do tempo

As ideias ligadas à educação ambiental foram desenvolvidas ao longo das discussões sobre a crise ambiental que estamos enfrentando, iniciadas na década de 1970. Os principais acontecimentos que levaram a esse novo conceito de educação foram:

Publicação do livro *Primavera silenciosa*, de Rachel Carson (1962): foi a primeira obra a alertar para a crescente perda da qualidade de vida produzida pelo uso indiscriminado de produtos químicos e suas consequências sobre o meio ambiente. O livro teve grande repercussão, fomentando o crescimento dos movimentos ambientalistas mundiais.

Carta de Belgrado (1975): preconizou que fossem lançados os fundamentos para um programa mundial de educação ambiental.

Declaração da Conferência Intergovernamental de Tbilisi sobre Educação Ambiental (1977): estabeleceu que, nos últimos decênios, o homem, utilizando o poder de transformar o meio ambiente, modificara rapidamente o equilíbrio da natureza, expondo as espécies a perigos que podem ser irreversíveis.

Congresso de Moscou (1987): chegou-se à conclusão de que a educação ambiental deveria buscar provocar mudanças de comportamento nas áreas de conhecimento e no âmbito afetivo.

capítulo 25
Economia Verde

Há décadas, cientistas e analistas têm apontado que o nosso avanço econômico é produzido à custa de um preço ambiental muito alto. A gigantesca oferta de bens e serviços – inimaginável pelas gerações anteriores – é simplesmente insustentável em termos de meio ambiente. Desde a publicação, em 1962, do clássico *Primavera silenciosa*, da pesquisadora norte-americana Rachel Carson, o assunto tem sido debatido em diversas reuniões internacionais patrocinadas pela ONU. O Relatório Brundtland – mais conhecido como Nosso Futuro Comum –, elaborado pela ONU em 1987, conceituou *economia sustentável*, defendendo a urgência de sua adoção. Ao contrário da economia predatória, que se serve dos recursos como se fossem infindáveis, a economia sustentável considera o impacto da produção sobre o ambiente, buscando anulá-lo.

Com o crescente movimento em favor dessa nova economia, têm surgido propostas alternativas ao modelo econômico corrente. A *Economia Verde* vem se destacando e começa a ser adotada por grandes distribuidoras.

Em seu livro *Designing the Green Economy: the Post Industrial Alternative to Corporate Globalization* (Planejando a Economia Verde: a alternativa para a globalização corporativa, Brian Milani, do Programa de Negócios e Ambiente da Faculdade de Estudos Ambientais da Universidade de York, em Toronto, Canadá, define Economia Verde como "a economia do mundo real – o mundo do trabalho, das necessidades humanas, dos materiais disponíveis na Terra e como todos esses mundos devem se combinar de forma harmoniosa".

A Economia Verde propõe uma mudança de paradigma, pois enfatiza a qualidade, em vez da quantidade, e a regeneração – de indivíduos, comunidades e ecossistemas – em lugar de acúmulo de riqueza ou de materiais. Para Milani, a Economia Verde não tem a ver com *valor de troca* ou dinheiro, mas com *valor de uso*.

"A definição industrial ou capitalista de riqueza sempre teve a ver com acúmulo de dinheiro ou de recursos", escreve Milani. Quaisquer valores de uso gerados, isto é, benefícios sociais, são secundários, pois o objetivo primeiro é o lucro. "Um mundo pós-industrial precisa de uma economia de qualidade, em que tanto o dinheiro quanto os materiais tenham *status* de meios para se obter um fim." Nesse sentido, a Economia Verde considera a necessidade do meio ambiente em pé de igualdade com a necessidade humana.

A economia industrial foi constituída sobre a depredação do meio e o desperdício de recursos. É, portanto, tremendamente ineficiente. O capitalismo pressupõe que os produtos tenham uma vida útil pequena, para gerar mais consumo. "Não há justificativa para produzirmos uma quantidade tão grande de lixo tóxico, ou de produzirmos mais mão de obra desqualificada do que qualificada, ou, em momentos de crise, nos desfazermos dos funcionários em vez de diminuirmos os recursos para a produção. São ineficiências econômicas que só podem ser corrigidas se usarmos os meios mais eficazes para fazermos tudo", observa Milani. Conforme o *economista verde* Paul Hawken, "nossas crises sociais e ambientais não são problemas de gerenciamento, mas de objetivo. Precisamos consertar o sistema inteiro".

Mas a implementação da Economia Verde não é simples. O capitalismo está estruturado sobre a exploração da mão de obra para a geração do lucro. Trabalhadores e consumidores são vistos como peças de uma engrenagem destinada a gerar riqueza. Com isso, o desenvolvimento humano é negligenciado, mesmo nas sociedades supostamente livres.

A transformação ecológica está intimamente relacionada à transformação social. Tanto o setor público como o privado devem passar por uma transformação que leve o mercado a expressar valores econômicos e sociais, em vez de buscar a obtenção de lucro a qualquer custo. Como toda mudança de paradigma, esta também é uma transformação lenta. Brian Milani afirma que isso acontecerá a partir de empresas pioneiras que iniciarem a mudança da paisagem econômica e prepararem o terreno para que surjam empresas mais ecológicas e socialmente inclusivas.

Tanto o conteúdo como a forma da Economia Verde se opõem diametralmente ao modelo industrial corrente. Agricultura orgânica ou sustentável, produtos fabricados de forma ambientalmente correta, lâmpadas e eletrodomésticos que duram mais e consomem menos energia oferecem alternativas viáveis e que não deixam de ser lucrativas. Essas alternativas estão atraindo cada vez mais consumidores e consolidando a Economia Verde como tendência.

Crescimento

O Green Festival – uma feira de dois dias realizada anualmente em Washington, Estados Unidos, para "acelerar a emergência de um novo paradigma econômico baseado numa cultura de sustentabilidade e equidade", conforme explicam os organizadores – tem demonstrado o grande potencial do *mercado verde*. Na edição de 2007, cerca de quatrocentos expositores mostraram produtos e serviços como lâmpadas que duram 60 mil horas, fundos de investimento para empresas socialmente responsáveis, firmas que transformam os gases dos aterros sanitários em energia e até papel feito de estrume de elefante, produzido por uma empresa chamada Mr. Ellie Pooh. Apesar de alguns expositores venderem seus produtos durante o festival, o maior propósito é divulgar os princípios e produtos da Economia Verde aos consumidores.

Ao menos nos Estados Unidos, o mercado verde está decolando. De acordo com o jornal *The Washington Post*, os produtos e serviços verdes movimentam mais de 228 bilhões de dólares no país. O sucesso dessa alternativa é tanto que gigantes como WalMart e General Electric entraram no negócio. A WalMart investiu pesado em *negócios verdes* e se tornou o maior comprador mundial de produtos de algodão orgânico. O programa Ecomagination da GE, uma operação destinada a criar "tecnologias inovadoras que ajudem os clientes a atender suas necessidades ambientais e financeiras e a GE a crescer", conforme definição da empresa, gerou em 2005 uma receita de 10 bilhões de dólares, contra 6,2 bilhões no ano anterior.

Até mesmo a moda está ficando verde. A Levi's lançou recentemente *jeans* feitos com algodão orgânico, e a revista *Vanity Fair* publicou uma edição especial sobre *moda verde*.

Contudo, alguns analistas não veem com bons olhos a entrada desses gigantes no mercado verde. Para esses observadores, a pressão dessas empresas para obter preços baixos pode degradar os padrões dos produtos orgânicos ou fomentar o uso de mão de obra de forma não ética.

Fundo verde

O mercado de créditos de carbono é uma das áreas emergentes da Economia Verde. Foi estabelecido, durante as discussões do Protocolo de Kyoto, o fracassado pacto internacional para até 2012 reduzirem-se as emissões globais de gases a níveis equivalentes aos de 1990.

Nesse mercado, as empresas dos países signatários, fábricas e outros agentes de produção econômica recebem cotas fixas de emissão de CO_2. Mas ele permite uma flexibilidade discutível e que não bloqueia o desenvolvimento. Se as fábricas excederem seu compromisso, podem comprar cotas de outras fábricas ou pagar multas; se, por outro lado, emitirem uma quantidade de CO_2 menor do que o total da sua cota, acumulam créditos de emissão, os quais podem ser vendidos.

Como mencionado, a ONU também autorizou, por meio do MDL previsto no mesmo Protocolo, os países que estiverem aquém das metas assumidas no Protocolo de Kyoto a participarem de empreendimentos em países em desenvolvimento que diminuam ou evitem a emissão desse gás, acumulando assim créditos de carbono.

Em março de 2007, o Banco Real lançou um fundo inovador, associado ao mercado de crédito de carbono. O Fundo Florestal Real é um fundo de investimentos de renda fixa com benefícios socioambientais. Com ele o cliente rentabiliza seu investimento e ainda tem direito a receber o valor financeiro, em reais, referente aos créditos de carbono originados pelo Programa Floresta Real, que atende ao modelo MDL. A iniciativa tem como focos a restauração de mata ciliar da bacia do rio Juquiá e a geração de renda para a Comunidade de São Domingos, localizada no município de Registro, interior de São Paulo. O fundo tem taxa de administração de 1% a.a. e taxa de saída decrescente em função do prazo de permanência do cotista. Após três anos como investidor, não há incidência da taxa de saída. O valor mínimo para aplicação é de 25 mil reais e as movimentações adicionais são de 1 mil reais. Cada 25 mil reais aplicados e mantidos por três anos dá ao investidor o direito ao recebimento do valor financeiro equivalente aos créditos de carbono.

Princípios da Economia Verde

O economista Brian Milani propõe "dez princípios inter-relacionados que cobrem as principais dimensões da Economia Verde":

1. Primazia do valor de uso, valor intrínseco e qualidade: este é o princípio fundamental da Economia Verde, enfocada nas necessidades humanas tanto quanto nas ambientais. O recurso usado é visto como meio para satisfazer uma necessidade real. O dinheiro também deve ser encarado de forma diferente, não mais como um fim em si, mas como facilitador de trocas.

2. Fluxo natural: a economia deve ser movida a energia renovável e não afetar os ciclos e recursos hídricos, não desmatar nem afetar a cadeia de alimentos nos processos produtivos. Conforme a sociedade se torna mais ecológica, as fronteiras políticas e econômicas tendem a coincidir com as fronteiras dos ecossistemas.

3. Lixo é igual a recurso: na natureza não há lixo, pois a sobra de todos os processos dá início a outros processos. Esse princípio implica que os resíduos dos processos produtivos sejam não tóxicos e possam ser usados como insumo.

4. Multifuncionalidade: relacionamentos integrados e estratégias de soluções de problemas, desenvolvendo ganhos múltiplos e efeitos colaterais positivos em qualquer ação empreendida.

5. Escala apropriada: até mesmo pequenas atividades podem ter grandes impactos. A atividade verdadeiramente ecológica integra o planejamento em escalas múltiplas, refletindo a influência do maior no menor e do menor no maior.

6. Diversidade: num mundo de fluxo constante, a saúde e a estabilidade dependem da diversidade. Isso se aplica a todos os níveis: diversidade de espécies, de ecossistemas, de regiões, e também à organização social e ecológica.

7. Autoconfiança, auto-organização, autoplanejamento: hierarquias construídas de baixo para cima, em que os níveis da base ou os mais próximos a ela são os mais importantes. A autoconfiança facilita a interdependência e garante que seja holística e flexível.

8. Participação democrática e direta: para permitir flexibilidade, o planejamento econômico ecológico demanda muita participação e observação local. As organizações ecológicas e as novas tecnologias de comunicação podem fornecer meios de maior participação nas decisões que pesam na sociedade.

9. Criatividade e desenvolvimento humano: para se retirar da produção certos recursos que causam prejuízos à natureza é preciso uma criatividade incrível. Isso requer, por sua vez, grande desenvolvimento humano em todos os níveis. Numa *sociedade verde*, o pessoal e o político, o social e o ecológico, caminham lado a lado. As capacidades sociais, estéticas e espirituais se tornam fundamentais para se alcançar a eficiência econômica.

10. Papel estratégico do ambiente natural, da paisagem e do planejamento do espaço: grandes ganhos de eficiência podem ser conseguidos com um rearranjo simples dos componentes do sistema. Melhorias de conservação e de eficiência em setores como o de construção, o qual só na América do Norte absorve cerca de 40% de materiais e energia, teriam um impacto tremendo em toda a economia.

capítulo 26
Consumo consciente

O filósofo Bento Espinosa (1632-1677) dizia que a grande motivação do indivíduo é seu interesse pessoal. "Os homens agem e são determinados a agir por conta de uma meta ou objetivo", escreve Jonathan I. Israel em *Iluminismo radical*: a filosofia e a construção da Modernidade. Assim, os seres humanos "buscam o que percebem ser de benefício próprio". Dessa forma, tendemos a transformar o *outro* – seja ele animal, vegetal, humano ou o meio ambiente – em objeto. A essa tendência percebida pelo filósofo judeu-holandês soma-se o fato de a sociedade moderna ter atingido um nível de conforto tecnológico nunca antes imaginado, aumentando ainda mais essa inclinação egocêntrica.

A motivação pela satisfação do interesse pessoal se reflete nos nossos hábitos de consumo. O interesse individual e a oferta de novos produtos e serviços, verdadeiras maravilhas tecnológicas, nos levam a querer sempre mais e mais. Assim, acabamos construindo uma sociedade hedonista, seduzida pela riqueza material, cujo principal valor é o ganho.

O capitalismo se baseia no consumismo, em que os bens adquiridos, muitas vezes, visam mais a seduzir do que a satisfazer necessidades. Este é, na verdade, um dos objetivos do *marketing*: a criação de necessidades, muitas vezes absolutamente desnecessárias.

Bom exemplo é o recente lançamento de uma linha de produtos da B Never Too Busy To Be Beautiful [Nunca Esteja Ocupado(a) Demais para Ser Lindo(a)]. Trata-se do aroma engarrafado de celebridades. Você quer conhecer o cheiro natural do seu ídolo? Basta comprar um dos frasquinhos da B Never. O supercraque David Beckham e a cantora Britney Spears já cederam seus odores para serem enfrascados. Ainda mais ousada, a B Never lançou um aroma chamado Hálito de Deus, o qual, segundo a publicidade da empresa, "evoca uma volta às coisas mais simples da vida". Pura futilidade por um preço extorsivo.

Contudo, o consumo desenfreado não tem nada de inocente. Com mais tecnologia e o mesmo velho impulso de satisfação dos interesses próprios, estamos transformando o mundo sem considerar o *outro*, isto é, o ambiente em que estamos inseridos e do qual participamos e os entes – humanos ou não – que nele vivem. Resultado: nossos hábitos de consumo estão, em última instância, contribuindo para o desequilíbrio ambiental de todo o planeta.

Para fazermos esse processo retroceder, temos de desenvolver a solidariedade, no sentido mais profundo do termo latino *in solido*, o qual originou a expressão *para o todo*, na qual *todo* é tudo o que nos cerca, inclusive nós mesmos. Apesar de ter se tornado clichê, a expressão *pensar globalmente e agir localmente* se aplica nesse caso, exigindo uma revisão nos nossos hábitos de consumo. Não podemos, porém, adotar uma postura *retrorromântica* – conforme jargão do filósofo contemporâneo Ken Wilber (1947-) –, ou seja, querer retornar a uma idílica sociedade pré-industrial. Isso seria "jogar fora o bebê junto com a água do banho". Devemos, antes, adquirir novos valores, menos exclusivistas e egoístas, mais inclusivistas e altruístas. E a melhor forma de refletir sobre o impacto que nosso estilo de vida tem sobre o meio ambiente, as plantas, os animais e as populações humanas pobres é pensar em nosso consumo – o motor que move a economia em escala mundial. Com efeito, o líder do IPCC, Rajendra K. Pachauri, afirmou que "a sociedade humana, como um todo, deve buscar mudanças em seus padrões de consumo".

Consciência

Consumo consciente é a preocupação de não comprar produtos que causem prejuízo ao meio ambiente ou aos seres humanos. Quase sempre, ao adquirirmos algum bem, nós nos orientamos pelo preço. Quanto mais barato melhor. Acontece que, muitas vezes, por trás do baixo custo do produto pode haver exploração de trabalhadores ou até mesmo o uso de mão de obra infantil. Um móvel raro, aquele dos sonhos, pode ter sido fabricado com madeira protegida, comercializada ilegalmente. É preciso, portanto, incluir outros parâmetros na avaliação de alguma coisa que vamos comprar, além do eterno *bom e barato*.

Helio Mattar, presidente do Instituto Akatu, a principal organização no país a levantar a bandeira do consumo consciente, explica que consumidor consciente é aquele que "busca, no ato de consumir, equilibrar o seu bem-estar pessoal com o impacto de seu consumo no meio ambiente e com o bem-estar da sociedade". Dessa forma, por meio das nossas escolhas de consumo, podemos construir uma sociedade mais justa e sustentável. Trata-se, portanto, de construir uma nova cultura.

Adotar padrões de consumo consciente não significa consumir menos, mas procurar fontes de energia menos poluidoras, diminuir a produção de lixo e reciclar o máximo possível, além de repensar sobre quais produtos e bens são realmente necessários para a satisfação do bem-estar. Implica também exigir que as autoridades busquem alternativas para gerar riquezas sem destruir florestas ou contaminar fontes de água.

Em 2002, o Akatu realizou uma pesquisa para detectar se o brasileiro consome com consciência. Foram ouvidas 1.200 pessoas com idades entre 18 e 74 anos, moradoras de nove regiões metropolitanas e duas capitais do país. Os entrevistados tinham de responder a frequência com que adotam certos comportamentos, como evitar deixar lâmpadas acesas em ambientes desocupados, usar o verso de folhas de papel já utilizadas e separar o lixo para reciclagem. Esses comportamentos foram divididos em três grupos: *de eficiência*, *de reflexão* e *de solidariedade*.

Os comportamentos *de eficiência*, como não deixar a lâmpada acesa em ambientes vazios, desligar aparelhos eletrônicos quando não estão sendo utilizados, fechar a torneira enquanto se escova os dentes e não guardar alimentos quentes na geladeira, trazem benefícios individuais imediatos ao consumidor – e ao seu bolso – e também contribuem para evitar o desperdício mundial.

Os comportamentos *de reflexão*, os quais incluem o planejamento de compra de roupas e alimentos, leitura atenta de rótulos, pedido de nota fiscal e hábito de recorrer aos órgãos de defesa quando se sentir prejudicado, não beneficiam o consumidor de imediato. São benefícios que exigem reflexão do consumidor e que repercutem na comunidade a médio prazo.

Já o grupo dos comportamentos *de solidariedade* está relacionado a benefícios coletivos. Entre eles estão a reciclagem de lixo, a compra de produtos recicláveis ou desenvolvidos com material reciclado e a atitude de punir uma empresa deixando de comprar seu produto, por exemplo, porque ela assumiu uma postura ambiental ou social com a qual o consumidor não concorda.

"Quanto mais o comportamento envolve a coletividade, mais o consumidor consciente se destaca", observa Mattar. O consumidor *comprometido* pratica a maioria dos comportamentos *de eficiência* e alguns *de reflexão*, mas quase nunca os *de solidariedade*. E o restante da população adota os comportamentos *de eficiência*, mas, normalmente, não os dos outros grupos.

Perfil do consumidor consciente, segundo o Instituto Akatu

Tende a reconhecer mais a relação direta de cada indivíduo com o *coletivo* e com as *futuras gerações*.

Mostra disposição para transformar em práticas cotidianas os valores com os quais se identifica, inclusive em suas decisões de compra e relações com empresas.

Apresenta diferenças em relação à população no que tange ao seu ato de ir às compras e escolher produtos.

Percebe e usa seu poder de consumidor cidadão.

A pesquisa do Akatu mostrou que 3% dos brasileiros são individualistas (adotam no máximo dois comportamentos de consumo consciente), 54% iniciantes (de três a sete comportamentos), 37% comprometidos (de oito a dez) e 6% conscientes (de onze a treze).

A pesquisa revelou ainda que fatores sociais e econômicos, valores e crenças não são efetivos para classificar os consumidores. Os consumidores conscientes, por exemplo, foram encontrados em todas as classes sociais – embora a maioria esteja concentrada nas classes A e B, tenha acima de quarenta anos e grau de instrução elevado. A maior concentração de consumidores *indiferentes* está entre jovens de 18 a 24 anos, pertencentes à classe D, com baixo grau de escolaridade, solteiros e com renda domiciliar mensal por volta de 900 reais (53% têm renda de até 600 reais).

Felizmente, a tendência de consumir conscientemente está crescendo entre os brasileiros. O Instituto Ethos de Empresas e Responsabilidade Social – uma ONG criada com a missão de mobilizar, sensibilizar e ajudar as empresas a gerirem seus negócios de forma socialmente responsável – realizou, em 2003, um estudo sobre a percepção do consumidor em relação à responsabilidade social das empresas. A pesquisa revelou que apenas 35% dos consumidores diziam se importar com o fato de a empresa ser socialmente responsável. Essa questão foi incluída em pesquisa mais recente do Akatu, que revelou que 44% dos consumidores preferem as empresas socialmente responsáveis, avaliando com cuidado sua atitude. A expectativa do consumidor com relação às empresas contribuírem para a sociedade, portanto, parece ter crescido. Ao optar por produtos e serviços de empresas que valorizam e respeitam o meio ambiente e seus empregados e buscam o desenvolvimento sustentável, o consumidor está incentivando que cada vez mais empresas tomem esse caminho.

Nota fiscal

De acordo com pesquisa da consultoria McKinsey & Company, 40% da renda brasileira são geradas por atividades ilegais como contrabando, pirataria e sonegação de impostos. Segundo a consultoria, uma redução de 20% na informalidade elevaria a taxa de crescimento do Brasil em 1,5% ao ano, fazendo que o crescimento do PIB chegasse a 5% ao ano. Um meio de fazer isso mediante o consumo consciente é exigindo a nota fiscal.

A falta de hábito, entre os brasileiros, de pedir nota fiscal ao efetuar compras ou contratar serviços tem consequências sérias para a economia e a sociedade, como sonegação de impostos e exploração da mão de obra.

A nota fiscal comprova a existência de um ato comercial, e qualquer transação que não seja documentada é uma porta aberta para o caixa 2 – o dinheiro que oficialmente inexiste, mas que pode ser usado, por exemplo, para a contratação de pessoal sem pagamento de direitos trabalhistas. Sobre dinheiro que não consta do balanço da empresa não incidem impostos, o que diminui a arrecadação do governo e limita sua oferta de serviços à população.

A pirataria gera o mesmo problema. Segundo estudo do Ibope, por conta do consumo de produtos pirateados, o Brasil deixa de arrecadar anualmente 12,8 bilhões de reais em impostos.

capítulo 27
Responsabilidade social

O objetivo de toda empresa é o lucro. E, a julgar pela orientação da maioria das firmas, este fim justifica os meios. Em nome do lucro, toneladas e mais toneladas de produtos químicos e gases que aumentam o efeito estufa são lançados diariamente na atmosfera. Matas são derrubadas, e rios, desviados de seus cursos para dar lugar a projetos de energia. Até mesmo o fator humano é desconsiderado em busca de mais e mais resultados financeiros. Sem a menor cerimônia, a ética é sacrificada em prol dos ganhos.

Muitas empresas multinacionais mostram um perfil ambiental e socialmente correto nos seus países de origem, mas suas filiais exploram, sem qualquer escrúpulo, falhas de legislação nas nações que as recebem para explorarem seus recursos ambientais e humanos. Um bom exemplo são as multinacionais farmacêuticas. Para testar seus produtos em humanos, essas instituições elegem países onde o desenvolvimento social é menor, cujas leis dão brechas para que esses procedimentos sejam postos em prática sem maiores dificuldades. Estima-se que 40% de todos os testes clínicos em seres humanos aconteçam na América Latina, na Ásia e na Europa Oriental. Entre todos, a Índia é o país que mais tem sofrido com a falta de ética de tais empresas.

Laboratórios farmacêuticos multinacionais e pesquisadores têm elegido a Índia como cenário para seus testes clínicos de medicamentos em humanos. A falta de regulamentações, a certeza de que não deverão prestar contas a nenhuma autoridade, os baixos custos operacionais e a ampla disponibilidade de voluntários atraem as empresas farmacêuticas à Índia. Em 2006, a ONG Wemos, com sede na Holanda, e o Centro de Estudos das Corporações Multinacionais prepararam um informe sobre 22 exemplos de testes clínicos não éticos, oito deles realizados na Índia.

Os vilões do relatório são: Sun Pharmaceuticals Industries LTD, Novartis, Novo Nordisk, Solvay Pharmaceuticals, Johnson & Johnson, Pfizer, Otsuka, Shantha Biotech e Universidade Johns Hopkins. Outros países em que a Wemos documentou a existência de testes ilegais foram Argentina, China, Nepal, Nigéria, Peru, Rússia e Uganda. Até mesmo nas cosmopolitas Londres e Nova York foram detectados casos em que estavam envolvidas prestigiosas instituições, como o Instituto Nacional de Saúde, o Instituto de Pesquisa Walter Reed, o Centro de Controle de Doenças e vários laboratórios internacionais.

A exclusão da ética pelas empresas em favor do lucro chega a ser pequena e mesquinha. Um executivo que atuou numa multinacional suíça da área química (e que preferiu não se identificar, tampouco revelar a empresa onde trabalhou, por temer represálias no mercado onde continua a atuar) revela que, apesar de a empresa ter incinerador especial para eliminar resíduos químicos, era comum que tóxicos perigosos fossem eliminados diretamente no esgoto. Segundo ele, muitas vezes, havia "a orientação de procurar firmas menores, em geral fornecedoras, para que elas eliminassem os produtos vencidos diretamente no esgoto". Em troca, a multinacional continuava a se abastecer da matéria-prima produzida por essas empresas menores. Assim, a falta de ética se espalha e se entranha na cultura corporativa. Menos ética é igual a mais lucro, mas também é igual a mais prejuízo social e ambiental.

Novo paradigma

No final do século passado, porém, a responsabilidade das empresas começou a ser questionada. Em seu imprescindível *A era dos extremos: o breve século XX*, o historiador Eric Hobsbawm constatou que, a partir de meados dos anos 1970, "as corporações empresariais sofriam pressões quanto a suas responsabilidades perante alguns dos grandes problemas do mundo". Para diminuir o impacto da nossa atividade econômica sobre o meio ambiente, Hobsbawm propôs reduzir "ao 'sustentável' a taxa de desenvolvimento a médio prazo, e a longo prazo se chegaria a um equilíbrio entre a humanidade, os recursos que ela consumia e o efeito de suas atividades sobre o ambiente". Para o historiador, "o problema de estabelecimento desse equilíbrio não era de ciência e tecnologia, e sim político e social". Para tanto, fazia-se necessário um novo paradigma, uma nova orientação a ser adotada pelas empresas, uma vez que o equilíbrio entre as atividades humanas e o impacto ambiental que elas produziam, nas palavras de Hobsbawn, "seria incompatível com uma economia mundial baseada na busca ilimitada do lucro por empresas econômicas dedicadas, por definição, a esse objetivo, e competindo umas com as outras num mercado livre global".

Com a crescente constatação de que o problema ambiental que enfrentamos é resultado das atividades humanas, empresas e governos passaram a ser cobrados e pressionados a adotar atitude menos agressiva e mais responsável diante do meio ambiente que todos compartilham. Afinal, conforme colocaram Francisco P. de Melo Neto e César Froes em seu livro *Responsabilidade social & cidadania empresarial*: a administração do terceiro setor, "as empresas giram em função da sociedade e dos recursos que a ela pertencem, devendo, em troca, no mínimo prestar-lhe contas da eficiência com que usa todos esses recursos".

A atitude que a sociedade como um todo começou a exigir das empresas era de *responsabilidade social*. Como todo conceito novo, não há um consenso rígido para esse termo. O Instituto Ethos de Empresas e Responsabilidade Social – cujas 1.291 empresas associadas têm faturamento anual correspondente a aproximadamente 35% do PIB brasileiro e empregam cerca de 2 milhões de pessoas – conceitua responsabilidade social empresarial como "a forma de gestão que se define pela relação ética e transparente da empresa com todos os públicos com os quais ela se relaciona e pelo estabelecimento de metas empresariais compatíveis com o desenvolvimento sustentável da sociedade, preservando recursos ambientais e culturais para as gerações futuras, respeitando a diversidade e promovendo a redução das desigualdades sociais".

Assim, a responsabilidade social empresarial pressupõe que as empresas tenham um papel essencial a cumprir na equalização das graves desigualdades sociais e na quase irreversível catástrofe ambiental que estamos vivendo. A postura ambiental da empresa, a maneira como ela gere os impactos que causa ao meio ambiente, é intrínseca à sua responsabilidade social. E responsabilidade ambiental significa manutenção e melhoria das condições do ambiente e de seus recursos. Uma forma básica de as corporações agirem de maneira ambientalmente responsável é o controle de suas *entradas* e *saídas*. Em relação às *entradas*, o que se consome no processo de produção, pode-se reduzir o consumo de energia, de água e de insumos, diminuindo o impacto ao meio. Quanto às *saídas*, entre as quais estão as mercadorias, suas embalagens e os materiais não utilizados, convertidos em potenciais agentes poluidores do ar, da água e do solo, para reduzir o impacto ambiental, as empresas devem desenvolver e usar matérias-primas, produtos e embalagens recicláveis ou biodegradáveis, reduzindo a poluição que geram. Dessa forma, elas adquirem responsabilidade sobre o ciclo de vida dos produtos e serviços.

A empresa ambientalmente responsável deve também buscar compensar a natureza pelo uso de recursos e pelos impactos ambientais que causa. Para tanto, deve bancar projetos, investimentos e campanhas de educação ambiental.

Diferentemente do que muitos pensam, responsabilidade social não é filantropia. Sua base é a ética, expressa nos princípios e valores adotados pela organização. Não há responsabilidade social sem ética nos negócios. Não basta uma empresa desenvolver programas voltados a entidades sociais da comunidade se, ao mesmo tempo, pagar mal seus funcionários, corromper com subornos a área de compras de seus clientes para garantir mercado e pagar propinas a fiscais do governo.

Contudo, a ética pode ser lucrativa. Atuando de maneira ética, as empresas afastarão os riscos de se verem envolvidas em escândalos capazes de arranhar suas reputações ou de serem judicialmente condenadas. De fato, organizações que incorporam em sua cultura os princípios da responsabilidade social e os aplicam corretamente obtêm resultados factuais, como valorização da imagem institucional e da marca, maior lealdade do consumidor, maior capacidade de recrutar e manter talentos, flexibilidade, capacidade de adaptação e longevidade. Segundo a coordenadora de responsabilidade social do Instituto de Pesquisa Econômica Aplicada (Ipea), Anna Peliano, "para ter competitividade, não basta ter tecnologia e preço; é preciso ter uma marca que as diferencie, e a ação social pode ser essa marca".

A ética é capaz de reverter a catástrofe ambiental que nos aguarda se nada fizermos. Nesse caso, a atitude ética a ser tomada é compensar a natureza e a sociedade pelo custo social e ambiental implícito no lucro das empresas. Elas devem se comprometer a acabar com a depredação do meio ambiente e a cessar a exploração de populações carentes. O poder da ética é inegável, não deve ser desprezado. É a postura que temos de assumir para alavancar a mudança que precisamos operar para salvar a biosfera. Conforme disse a zoóloga Jane Goodall, uma das vozes mais potentes em defesa da preservação dos ecossistemas, "se, todos os dias, cada um de nós tomar apenas decisões éticas, juntos mudaremos o mundo".

Principais pilares sobre os quais a responsabilidade social empresarial se assenta

Necessidade de promover desenvolvimento sustentável, em nível global, ou seja, uso dos recursos naturais por nossa geração, de maneira que todas as futuras gerações possam usufruir, no mínimo, dos mesmos recursos.

Ampliação dos públicos com os quais a empresa deve se preocupar em suas decisões, que passam a incluir todos aqueles que influenciam ou são influenciados por seus negócios (partes interessadas ou *stakeholders*).

Verdadeira inclusão social e amplo e universal respeito aos direitos humanos fundamentais, como o direito à alimentação adequada, à liberdade, à educação básica, à vida com dignidade, entre outros.

Eliminação de qualquer tipo de discriminação de gênero, raça, ideologia, etnia, cultura etc.

Vontade política de implantá-la na gestão da empresa, pois a verdadeira responsabilidade social empresarial independe de investimentos.

Fonte: COPEL

capítulo 28
O que você pode fazer

O relatório Confrontando as Mudanças Climáticas: Evitando o Inadministrável e Administrando o Inevitável, elaborado recentemente por uma equipe de especialistas da ONU, apresenta propostas para reverter os problemas ambientais causados pela ação humana, especialmente os resultantes da mudança climática. O documento afirma que, para evitar "impactos intoleráveis sobre os seres humanos", é necessário "um rápido sucesso na redução das emissões globais de metano e fuligem" e a estabilização, até 2020, do nível de emissões de CO_2.

Para tanto, o relatório sugere, entre outras coisas, maior eficiência no setor de transportes por meio de medidas como melhoria nos padrões de eficiência, taxação de combustíveis, incentivo a combustíveis alternativos e expansão e melhoria do transporte público. Os especialistas também pedem códigos de construção voltados à proteção ambiental, programas de reflorestamento e desenvolvimento de sistemas de previsão de desastres climáticos.

A questão é como atingir essas metas. Estamos sempre esperando que as autoridades se manifestem e se responsabilizem por nossa segurança. No entanto, grande parte das agressões à natureza e à nossa saúde tem sua raiz no estilo de vida que adotamos. Somos nós que, individualmente, contribuímos para a caótica situação ambiental em que o mundo se encontra hoje. Por exemplo, como já mencionado, nos Estados Unidos, o maior poluidor do planeta, 60% das emissões de CO_2 vêm de pequenos veículos usados pelas pessoas para ir ao trabalho ou em viagens de final de semana. Na Inglaterra, 25% das emissões de gases-estufa têm sua origem nas residências. Por isso, mudanças em nossos hábitos cotidianos são tão importantes quanto combater aqueles que exploram o planeta de modo insustentável.

De acordo com quatro importantes entidades que atuam na conservação ambiental – Greenpeace, Instituto Akatu, Fundação SOS Mata Atlântica e Organização para a Proteção Ambiental (OPA) –, cada um de nós pode ajudar a reverter a crise ambiental, adotando as posturas apresentadas a seguir.

Água

A água é um dos mais importantes recursos naturais do planeta, essencial para a vida. Contudo, essa fonte de vida já está se esgotando. Atualmente, falta água para cerca de 1,8 bilhão de pessoas em todo o mundo – cerca de 1/3 da população do planeta. O Brasil, com uma das maiores reservas do planeta, é um dos países que mais desperdiçam esse recurso. O uso doméstico representa cerca de 10% do consumo total de água. É imprescindível, portanto, que economizemos água.

Reservatórios de vasos sanitários gastam, em média, 12 litros de água a cada vez que a descarga é acionada. É possível reduzir esse consumo pela metade trocando a caixa de água de 12 litros por uma de 6 litros. Mesmo se você não puder trocar a caixa, pode reduzir o consumo colocando uma garrafa PET (aquelas de refrigerante) de 2 litros, cheia de água, dentro da caixa. Com isso, você já estará economizando 2 litros por descarga.

Tome duchas rápidas e evite banhos de banheira. Também vale a pena fechar o chuveiro para se ensaboar.

Feche a torneira ao escovar os dentes, lavar as mãos e fazer a barba. Em cinco minutos, uma torneira gasta pelo menos 12 litros de água. Economizando, você gasta de 1 a 2 litros.

Conserte as torneiras que estão pingando. Cada uma pode perder mais de 40 litros de água por dia.

Não lave pisos e calçadas com esguicho. Use vassoura e balde.
Use a máquina de lavar sempre com capacidade máxima.
Se você vive em áreas sujeitas a secas prolongadas, armazene água.

Alimentação

O impacto que causamos no meio ambiente ao produzirmos alimentos é tremendo. Os fertilizantes químicos e agrotóxicos utilizados nas lavouras contaminam o meio ambiente, empobrecem o solo e poluem os rios. As sementes transgênicas podem causar a perda da biodiversidade por causa da poluição genética, que ocorre quando variedades transgênicas polinizam variedades naturais. Além de os efeitos dos transgênicos na saúde e no meio ambiente serem desconhecidos, sua adoção torna os agricultores mais dependentes das empresas multinacionais.

Não consuma alimentos transgênicos.

Procure saber se o peixe ou fruto do mar consumido tem sua pesca permitida ou se é ilegal.

Prefira alimentos orgânicos, produzidos sem fertilizantes químicos e agrotóxicos. Se houver dificuldade na obtenção de produtos sem agrotóxicos, pode-se adotar algumas práticas para diminuir a presença desses produtos em seu alimento:

- Lave bem legumes, verduras e frutas e deixe-os de molho de quinze a vinte minutos em uma solução de água e vinagre.
- Sempre que possível, descasque legumes e frutas. Você perderá algumas vitaminas, mas pelo menos terá uma alimentação mais segura.
- Prefira legumes, verduras e frutas da estação, que possuem menos defensivos e hormônios.
- Desconfie de legumes muito grandes, pois podem ser resultado de adubação excessiva e estimulantes artificiais.
- Prefira produtos nacionais e, sobretudo, os regionais, pois não requerem tantos pesticidas quanto aqueles que têm de percorrer grandes distâncias e são armazenados por longos períodos. De acordo com a OPA, no Brasil, os produtos que mais recebem agrotóxicos são tomate, batata-inglesa, morango, uva-rubi, uva-itália e papaia.

- Resíduos de agrotóxicos tendem a se concentrar nos tecidos gordurosos dos animais. Se você evitar o consumo de gorduras animais, diminuirá a ingestão desses produtos.

Construções e móveis

Cerca de 80% da madeira amazônica são extraídos ilegalmente, e a maior parte é consumida no Brasil na forma de móveis, forros, esquadrias e casas pré-fabricadas, entre outros. A construção civil descarta 80% da madeira que usa, além de contribuir para a emissão de substâncias altamente tóxicas à vida na Terra.

Ao comprar madeira e produtos florestais, exija certificado de origem legal, como a certificação do Conselho de Manejo Florestal (FSC, na sigla em inglês), que garante que a extração se deu de forma ambientalmente correta, socialmente justa e economicamente viável.

No acabamento, use somente óleos ou ceras naturais, em vez de produtos sintéticos com solventes.

Procure alternativas reutilizáveis.

Se o uso de vernizes líquidos for indispensável, prefira os de poliuretano de dois componentes e mantenha ventilação no local para dispersar os odores.

Use produtos com formulação atóxica. Quando não for possível, use tintas à base de água, que dispensam o uso de removedores químicos.

Use lixa de areia para remover pinturas antigas.

Limpe pincéis sujos de tintas à base de solvente deixando-os de molho em vinagre. Depois, ferva-os por alguns minutos em água com sabão.

Recicle os móveis e procure adquirir móveis usados, se necessário.

Produtos eletroeletrônicos

De acordo com o Greenpeace, na fabricação de um computador de 24 kg, por exemplo, são usados 240 kg de combustíveis fósseis, 22 kg de produtos químicos, entre eles alguns tóxicos, além de perigosos metais pesados, como chumbo, bário, cádmio e arsênio, que contaminam o meio ambiente e estão relacionados a vários problemas de saúde. Nós podemos reduzir o impacto causado pela fabricação e pelo consumo de produtos eletroeletrônicos tomando alguns cuidados.

Aumente a vida útil dos computadores fazendo *upgrade*.

Avalie a real necessidade de adquirir um novo equipamento antes de trocar seu computador, celular, ou qualquer outro eletroeletrônico.

Doe ou venda no mercado de usados seus equipamentos antigos.

Procure usar cartuchos de tinta ou *toner* reciclados.

Confira a real necessidade de se imprimir algum documento. Se for mesmo preciso, ajuste a impressora no modo *rascunho*, para economizar tinta. Use os dois lados da folha de papel. Se metade do papel utilizado passasse a ser usado dessa forma, o consumo de papel cairia 25%. Prefira e-mails.

Energia elétrica

Qualquer que seja a fonte, a produção de eletricidade sempre causa agressão ao meio ambiente: hidrelétricas inundam grandes áreas, alterando e destruindo ecossistemas; termoelétricas emitem gases que contribuem para aumentar o efeito estufa; usinas nucleares representam risco permanente de acidentes, além de gerarem lixo radioativo. Economizar energia é, portanto, essencial para recuperarmos a saúde da Terra. Para o engenheiro elétrico Ricardo Baitelo, responsável pelas campanhas da área de energia do Greenpeace, essa questão é das mais importantes: "Cerca de 25% da energia que consumimos é desperdiçada, e esse é um enorme potencial que temos de recuperar".

Ao comprar lâmpadas ou eletrodomésticos, procure os que têm o selo Programa de Conservação de Energia Elétrica (Procel). O selo garante que o produto gasta menos energia elétrica do que semelhantes que não tenham o selo. Além do selo Procel, você pode procurar pela etiqueta de eficiência energética do Programa Brasileiro de Etiquetagem do Inmetro. A etiqueta mostra qual o consumo de eletricidade do aparelho e seu grau de eficiência energética, que vai de A (mais eficiente) a G (menos eficiente).

Um aparelho que consome muita energia nas residências é o chuveiro elétrico. Para gastar menos energia, deixe o chuveiro na posição "inverno" somente quando estiver frio. Também é aconselhável fechar a torneira ao se ensaboar ou usar xampu.

A geladeira e o *freezer* também estão entre os eletrodomésticos que mais consomem eletricidade. Para diminuir o consumo de eletricidade desses aparelhos, coloque a geladeira e o *freezer* em local ventilado e longe do fogão; verifique sempre se a vedação das portas está funcionando bem e se elas estão bem fechadas; nunca forre as prateleiras com plásticos ou vidro, pois dificultam a passagem do ar e provocam aumento no consumo de energia; procure não abarrotá-las, deixando espaço entre os alimentos para facilitar a circulação do ar; não guarde líquidos nem alimentos ainda quentes, regule o termostato para que esfrie menos no inverno; quando for viajar e ficar muito tempo fora, esvazie a geladeira e o *freezer* e desligue-os da tomada.

Se usar lavadoras, programe sempre para lavagem a frio. Você economiza 75% de energia em máquinas de lavar louça, e 92% nas de lavar roupa. Evite máquinas de secar.

Evite equipamentos a pilha. A fabricação de uma pilha precisa de muito mais energia do que a fornecida por ela. Se houver real necessidade de pilha, prefira as recarregáveis.

Use a iluminação natural ao máximo e troque as lâmpadas incandescentes por fluorescentes. Segundo a OPA, uma substiuição dessa reduz a emissão de CO_2 em 70 kg por ano. Nunca deixe luzes e aparelhos ligados sem necessidade. Outra dica é não pintar as paredes internas de sua casa com cores escuras, pois elas exigem lâmpadas mais potentes.

Evite usar eletrodomésticos entre 18 e 21 horas. Esse é o chamado horário de pico, no qual o consumo de energia elétrica é maior.

Use o ar-condicionado com moderação. Esses aparelhos são os maiores consumidores de energia elétrica em uma residência brasileira. Segundo cálculos do Procel, o ar-condicionado, durante o verão, é responsável por 1/3 do gasto de eletricidade doméstico.

Combustíveis fósseis

Reduzir o número de automóveis em circulação e a quantidade de emissões de gases dos veículos é uma das principais formas de diminuir o efeito estufa. De acordo com o Greenpeace, só na Região Metropolitana de São Paulo, 1,7 milhão de toneladas de monóxido de carbono são lançadas anualmente na atmosfera. Desse total, 1,5 milhão é expelido por automóveis.

Dê preferência aos meios coletivos de transporte, como ônibus e metrô; se possível, vá a pé ou de bicicleta.

Reveze o uso do carro com amigos e colegas de trabalho ou use transportes públicos com mais frequência. A OPA informa que para cada quilômetro que você deixar de percorrer de carro estará evitando a emissão de cerca de 300 g de CO_2.

O motor do carro deve estar sempre bem regulado, assim como a pressão dos pneus, o alinhamento das rodas, o estado do filtro de ar, da carburação, o sistema de injeção, as velas de ignição etc.

Prefira carros com motor econômico, a álcool ou gás natural.

Na cozinha

O gás liquefeito de petróleo (GLP) alimenta mais de 90% dos fogões do país, contribuindo, como outros derivados de petróleo, para aumentar o efeito estufa. Para economizar gás de cozinha, os técnicos do Greenpeace recomendam algumas medidas.

Use somente a quantidade de água necessária para cozinhar e, quando começar a ebulição, ajuste o fogo ao nível baixo.

Deixe sempre os alimentos mais duros, como cereais e legumes secos, de molho na água antes do cozimento.

Mantenha os bicos e queimadores sempre limpos e procure fazer uma revisão anual no fogão, evitando riscos e desperdício.

Ao comprar um fogão, procure o selo Conpet, que informa sua eficiência energética e segurança.

Aproveite melhor o calor, mantendo as panelas fechadas e centralizadas sobre os queimadores.

Lixo

Um dos maiores problemas ambientais que enfrentamos é o lixo. A humanidade produz, hoje, a inacreditável cifra de mil toneladas de lixo por segundo. No Brasil, todos os dias são produzidas 230 mil toneladas de lixo. Além de contaminarem o solo, o ar e as águas de rios e lençóis freáticos, os depósitos de lixo são também um grande problema de saúde pública por servirem à proliferação de parasitas causadores de doenças. Hoje, praticamente todos os recém-nascidos do planeta apresentam resíduos de produtos químicos nocivos nos seus corpos.

Procure levar sua própria sacola ao mercado e dispense os sacos plásticos.

Evite consumir objetos feitos de plástico, que utilizam petróleo na sua fabricação e contaminam o meio ambiente.

Não compre ou utilize produtos ou objetos de PVC, que são feitos à base de cloro e cuja fabricação é altamente tóxica.

Recuse embalagens desnecessárias ou de difícil reciclagem, como as Tetra Pak e as de isopor. Prefira produtos com refil.

Utilize integralmente os alimentos, reutilize embalagens de vidro, potes de sorvete etc.

Evite desperdício de papel, tire seu nome do *mailing* de empresas que não lhe interessam e não aceite panfletos que não vai ler.

Recicle. Reciclar é vital. Você pode evitar a produção de 1 tonelada de CO_2 por ano simplesmente reciclando o lixo de sua casa. Separe garrafas PET, latas de alumínio, papéis secos e outros materiais para reciclagem. Roupas, brinquedos e móveis também podem ser reciclados ou doados.

Evite comprar produtos de materiais descartáveis, que, embora práticos, geram lixo desnecessário. Prefira produtos duráveis e resistentes ou que permitam o aumento da vida útil por meio de recargas e refis. Reutilizar é muito importante.

Consuma produtos ambientalmente corretos, isto é, aqueles em que os impactos ambientais são considerados em todos os estágios do desenvolvimento (planejamento, produção, embalagem, distribuição, descarte etc.).

Separe corretamente o lixo para reciclagem. Se a separação não for feita corretamente, ela pode inutilizar o material reciclável.

Florestas

Cada um de nós pode, individualmente, fazer muito para deter o desflorestamento desenfreado.

Desligue as luzes quando não estiver no ambiente. Economizar energia elétrica diminui sua demanda, evitando a destruição de ecossistemas para a construção de hidrelétricas.

Procure comprar papel ou produtos de madeira certificados pelas comissões de proteção às florestas como sustentáveis e provenientes de regiões de manejo florestal.

Recicle ao máximo – não só papel, mas também vidro, plástico, metal.

Evite imprimir arquivos e documentos diretamente de seu computador. Se tiver de fazê-lo, procure usar o modo *rascunho* de sua impressora. Se possível, imprima nos dois lados do papel, assim você estará evitando o desperdício não só de papel, mas também de árvores.

Referências

Livros e artigos

AMOS, Jonathan. Arctic summers ice-free "by 2013". *BBC News*, 12 Dec. 2007. Disponível em: <http://news.bbc.co.uk/2/hi/7139797.stm>. Acesso em: 12 dez. 2007.

ASSENTAMENTOS na Amazônia beneficiam madeireiras, diz "Independent". *BBC Brasil*, 21 ago. 2007. Disponível em: <http://www.bbc.co.uk/portuguese/reporterbbc/story/2007/08/070821_amazoniaindependentrw.shtml>. Acesso em: 11 out. 2007.

BALAZINA, Afra. Poluição em São Paulo mata oito por dia. *Folha de S.Paulo*, São Paulo, 18 ago. 2005.

BARBIERI, José Carlos. *Desenvolvimento e meio ambiente*: as estratégias de mudanças da Agenda 21. Petrópolis: Vozes, 2006.

BEGLEY, Sharon. The truth about denial. *Newsweek*, New York, 13 Aug. 2007.

BENTLEY, Molly. Guns and sunshades to rescue climate. *BBC News*, 2 Mar. 2006. Disponível em: <http://news.bbc.co.uk/2/hi/science/nature/4762720.stm>. Acesso em: 2 set. 2009.

BLACK, Richard. Lovelock urges ocean climate fix. *BBC News*, 26 Sept. 2007. Disponível em: <http://news.bbc.co.uk/2/hi/science/nature/7014503.stm>. Acesso em: 23 out. 2007.

BRISTOW, Michael. China trade threatens tropical trees. *BBC News*, 6 July 2007. Disponível em: <http://news.bbc.co.uk/2/hi/asia-pacific/6277518.stm>. Acesso em: 2 nov. 2007.

CÉLULA a combustível de 200 kW entra em operação em Curitiba. *Portal H2*, 12 set. 2007. Disponível em: <http://www.portalh2.com.br/prtlh2/noticias.asp?id=273>. Acesso em: 2 fev. 2010.

CIA (AGÊNCIA CENTRAL DE INTELIGÊNCIA). *O novo relatório da CIA*: como será o amanhã. Tradução e notas Claudio Blanc. São Paulo: Geração Editorial, 2009.

_____. *O relatório da CIA*: como será o mundo em 2020. Tradução Claudio Blanc. São Paulo: Ediouro, 2006.

CLARKE, Robin; KING, Jannet. *O atlas da água*: o mapeamento completo do recurso mais precioso do planeta. São Paulo: Publifolha, 2006.

CLIMA deslocará 200 milhões nos próximos 30 anos. *BBC Brasil*, 7 set. 2007. Disponível em: <http://www.bbc.co.uk/portuguese/reporterbbc/story/2007/09/070907_refugiadosambientaispu.shtml>. Acesso em: 7 set. 2007.

COMTE-SPONVILLE, André. *Pequeno tratado das grandes virtudes*. São Paulo: Martins Fontes, 1999.

CONISBEE, Molly; SIMMS, Andrew. *Environmental Refugees*: the Case for Recognition. London: New Economics Foundation, 2003. Disponível em: <http://www.neweconomics.org/sites/neweconomics.org/files/Environmental_Refugees.pdf>. Acesso em: 27 jan. 2010.

CONNOR, Steve. Meltdown: Arctic wildlife is on the brink of catastrophe. *The Independent*, London, 11 Nov. 2004.

DIAS, Genebaldo Freire. *Educação ambiental*: princípios e práticas. 9. ed. São Paulo: Gaia, 2004.

DIAS, Reinaldo. *Gestão ambiental*: responsabilidade social e sustentabilidade. São Paulo: Atlas, 2006.

DOWNING, Thomas E.; DOW, Kirstin. *O atlas da mudança climática*: o mapeamento completo do maior desafio do planeta. São Paulo: Publifolha, 2007.

EPA (ENVIRONMENT PROTECTION AGENCY). *Achievements in Stratospheric Ozone Protection Progress Report*. Washington: EPA, 2007.

ESF (EARTH SAVE FOUNDATION). *Our Food Our World*: the Realities of an Animal-Based Diet. Santa Cruz: ESF, 1992.

FARMAN, Joe. Unfinished business of ozone protection. *BBC News*, 17 Sept. 2007. Disponível em: <http://news.bbc.co.uk/2/hi/6995667.stm>. Acesso em: 17 set. 2007.

FLANNERY, Tim. *Os senhores do clima*. São Paulo: Record, 2006.

FORD apresenta *airstream* a hidrogênio. *Gazeta Mercantil*, Rio de Janeiro, 8 jan. 2007.

FRANCE PRESSE. Cidades de Peru, Índia e China estão entre as mais poluídas do mundo. *Folha Online,* 16 set. 2007. Disponível em: <http://www1.folha.uol.com.br/folha/mundo/ult94u328881.shtml>. Acesso em 16 set. 2007.

GARCEZ, Bruno. Produção de etanol do Brasil é "excepcional", diz Wolfowitz. *BBC Brasil*, 15 fev. 2007. Disponível em: <http://www.bbc.co.uk/portuguese/reporterbbc/story/2007/02/070215_wolfowitzbg_ac.shtml>. Acesso em: 15 fev. 2007.

GÁS venenoso pode ter provocado extinção em massa. *BBC Brasil*, 5 dez. 2005. Disponível em: <http://www.bbc.co.uk/portuguese/ciencia/story/2005/12/051205_extincaoba.shtml>. Acesso em: 15 jun. 2007.

GERARQUE, Eduardo. Poluição paulistana reduz nascimentos masculinos. *Folha de S.Paulo*, 7 fev. 2007.

GOLDEMBERG, José; BARBOSA, Luis Mauro. A legislação ambiental no Brasil e em São Paulo. *Eco*, n. 21, nov. 2004.

GOODALL, Jane. *Harvest for Hope*: a Guide to Mindful Eating. New York: Warner Books, 2005.

GORE, Al. *Uma verdade inconveniente*: o que devemos saber (e fazer) sobre o aquecimento global. São Paulo: Manole, 2006.

GREENPEACE. *Green dicas*. [s.l.]: Greenpeace Brasil, [s.d.]. Disponível em: <http://www.mundovertical.com/utilidades/greendicas.pdf>. Acesso em: 2 maio 2007.

HINRICHS, Roger A.; KLEINBACH, Merlin. *Energia e meio ambiente*. São Paulo: Thomson, 2007.

HOBSBAWN, Eric. *A era dos extremos*: o breve século XX – 1914-1991. São Paulo: Companhia das Letras, 2007.

IASC (ARCTIC COUNCIL & THE INTERNATIONAL ARCTIC SCIENCE COMMITTEE). *Arctic Climatic Impact Assessment*. Cambridge: Cambridge University Press, 2005. Disponível em: <http://www.acia.uaf.edu/pages/scientific.html>. Acesso em: 26 mar. 2008.

INSTITUTO AKATU. Descobrindo o consumidor consciente: uma nova visão da realidade brasileira. *Instituto Akatu*, 21 jun. 2004. Disponível em: <http://www.akatu.org.br/Temas/Consumo-Consciente/Posts/Descobrindo-o-consumidor-consciente-uma-nova-visao-da-realidade-brasileira->. Acesso em: 27 out. 2007.

INTERNATIONAL MONETARY FUND. *World Economic Outlook October 2007*: Globalization and Inequality. Washington: The Fund, 2007.

IPCC (INTERGOVERNMENTAL PANEL ON CLIMATE CHANGE). *IPCC Fourth Assessment Report*. Geneva: IPCC, 2007. Disponível em: <http://www.ipcc.ch>. Acesso em: 2 fev. 2010.

_____. *Special Report on Emission Scenarios*. Geneva: IPCC, 2000. Disponível em: <http://www.grida.no/publications/other/ipcc_sr/?src=/climate/ipcc/emission>. Acesso em: 29 jan. 2010.

_____. Summary for Policymakers. In: _____. *Climate Change 2007*: Mitigation – Contribution of Working Group III to the Fourth Assessment Report of the Intergovernmental Panel on Climate Change. Cambridge/New York: Cambridge University Press, 2007. Disponível em: <http://www.ipcc.ch/pdf/assessment-report/ar4/wg3/ar4-wg3-spm.pdf>. Acesso em: 28 jan. 2010.

ISRAEL, Jonathan I. *Iluminismo radical*: a filosofia e a construção da modernidade – 1650-1750. Tradução Claudio Blanc. São Paulo: Madras, 2009.

KILLEEN, Timothy J. *Uma tempestade perfeita na selva amazônica*: desenvolvimento e conservação no contexto da Integração da Infraestrutura

Regional Sul-Americana. Arlington, VA: Center for Applied Biodiversity Science, 2007.

KIRBY, Alex. Energy: meeting soaring demand. *BBC News*, 9 Nov. 2004. Disponível em: <http://news.bbc.co.uk/2/hi/science/nature/3995135.stm>. Acesso em: 28 set. 2007.

KLARE, Michael T. *Blood and Oil*: the Dangers and Consequences of America's Growing Dependency on Imported Petroleum. New York: Metropolitan Books, 2004.

KLUGER, Jeffrey. The arctic meltdown speeds up. *Time Magazine*, Los Angeles, 29 Sept. 2005.

LOVELOCK, James. *Gaia*: cura para um planeta doente. São Paulo: Cultrix, 2007.

MANTOVANI, Flávia. Consumo consciente começa na compra do produto. *Folha de S.Paulo*, São Paulo, 17 mar. 2005.

MAP: Pollution hotspots. *BBC News,* 13 Dec. 2004. Disponível em: <http://news.bbc.co.uk/2/hi/science/nature/4083331.stm#top#top>. Acesso em: 5 maio 2004.

MCINTOSH, Malcolm et al. *Cidadania corporativa*: estratégias bem-sucedidas para empresas responsáveis. Rio de Janeiro: Qualitymark, 2007.

MEADOW, Denella. *The Limits to Growth*: a Report for the Club of Rome's Project on the Predicament of Mankind. St. Louis: Left Bank Books, [s.d.].

MELO NETO, Francisco; FROES, César. *Responsabilidade social e cidadania empresarial*: a administração do terceiro setor. Rio de Janeiro: Qualitymark, 2001.

MILANI, Brian. *Designing the Green Economy*: the Post Industrial Alternative to Corporate Globalization. Lanham, MD: Rowman & Littlefield Publishers, 2000.

MILNE, Antony. *O novo dilúvio*: população, poluição e clima futuro. São Paulo: Gaia, 2006.

MOLINARI, Davi. Electrocell pesquisa para diminuir tamanho e preço das células a combustível para concorrer na futura economia do hidrogênio. *Portal Pipe/Fapesp*, 19 jun. 2006. Disponível em: <http://www.inovacao.unicamp.br/report/news-pipeelectrocell.shtml>. Acesso em: 28 set. 2007.

MYERS, Norman; KENT, Jennifer. *Environmental Exodus*: an Emergent Crisis in the Global Arena. Washington: The Climate Institute, 1995.

NSF (National Science Foundation). *Pathways to the Future*: Complex Environmental Systems. Arlington, VA: NSF, 2005.

OLIVEIRA, Elizabeth. Biodiesel, o bom negócio do século XXI. *Portal do Ministério da Ciência e Tecnologia*, [s.d.]. Disponível em: <http://agenciact.mct.gov.br/index.php/content/view/25616.html>. Acesso em: 2 maio 2007.

OLIVEIRA, Gilvan Sampaio. *O El Niño e você*: o fenômeno climático. São José dos Campos: Transtec, 2001.

ONGs lançam iniciativa inédita pelo fim do desmatamento na Amazônia. *WWF Brasil*, 3 out. 2007. Disponível em: <http://www.wwf.org.br/informacoes/noticias_meio_ambiente_e_natureza/index.cfm?uNewsID=9540>. Acesso em: 3 out. 2007.

PÁDUA, José Augusto. *Produção, consumo e sustentabilidade*: o Brasil e o mundo. Disponível em: <http://cmapspublic2.ihmc.us/rid=1gm6g3k7d--27y228j-47b/producao%20consumo%20sustentabilidade.doc>. Acesso em: 5 fev. 2010.

PARA Minc, desmatamento da Amazônia "está sob controle". *Reuters Brasil*, 2 fev. 2010. Disponível em: <http://br.reuters.com/article/topNews/idBRSPE6110DA20100202>. Acesso em: 2 fev. 2010.

PEARCE, Fred. *O aquecimento global*: causas e efeitos de um mundo mais quente. São Paulo: Publifolha, 2002.

POBREZA no Brasil diminui, mas desigualdade persiste. *Zero Hora*, Porto Alegre, 13 jan. 2010.

RUY, Rosemari A. Viveiro. A educação ambiental na escola, *Revista Eletrônica de Ciências*, São Carlos, n. 26, 26 maio 2004. Disponível em: <http://cdcc.sc.usp.br/ciencia/artigos/art_26/eduambiental.html>. Acesso em: 27 mar. 2008.

RYERSON, William. Sixteen myths about population. *Focus*, v. 5, 1995.

SACHS, Ignacy. *Caminhos para o desenvolvimento sustentável*. Rio de Janeiro: Garamond, 2002.

SÃO PAULO é a sexta metrópole em poluição do ar, diz OMS. *O Estado de S. Paulo*, São Paulo, 16 set. 2007.

SCOTTO, Gabriela; CARVALHO, Isabel Cristina de Moura; GUIMARÃES, Leandro Belinaso. *Desenvolvimento sustentável*: conceitos fundamentais. Petrópolis: Vozes, 2006.

SOARES, Regiane; FARIAS, Carolina. Bush chega ao Brasil em dia marcado por protestos. *Folha Online*, 8 mar. 2007. Disponível em: <http://www1.folha.uol.com.br/folha/brasil/ult96u90121.shtml>. Acesso em: 8 mar. 2007.

SOUSA, Ana Cristina Augusto. A evolução da política ambiental no Brasil do século XX. *Achegas.net*, n. 26, nov.-dez. 2005. Disponível em: <http://www.achegas.net/numero/vinteeseis/ana_sousa_26.htm>. Acesso em: 20 mar. 2008.

SPENCER, Matthew. Climate action "needs devolution". *BBC News*, 4 May 2007. Disponível em: <http://news.bbc.co.uk/2/hi/science/nature/6616307.stm>. Acesso em: 24 out. 2007.

STERN, Nicholas. *Stern Review on the Economics of Climate Change*. [s.d.] Disponível em: <http://www.hm-treasury.gov.uk/stern_review_report.htm>. Acesso em: 27 jan. 2010.

UCHOA, Pablo. Etanol é "ameaça disfarçada de verde", dizem ambientalistas. *BBC Brasil*, 19 abr. 2007. Disponível em: <http://www.bbc.co.uk/portuguese/reporterbbc/story/2007/04/070419_ambientalistasbiocombustiveispu.shtml>. Acesso em: 19 abr. 2007.

UCS (Union of Concerned Scientists). *Common Sense on Climate Change*: Practical Solutions to Global Warming. Cambridge, USC, [s.d.]. Disponível em: <http://www.ucsusa.org/global_warming/solutions/big_picture_solutions/common-sense-on-climate-5.html>. Acesso em: 5 fev. 2010.

UK criticized over illegal timber. *BBC News*, 31 Jan. 2007. Disponível em: <http://news.bbc.co.uk/2/hi/business/6316419.stm>. Acesso em: 11 nov. 2007.

UNF (United Nations Foundation). *Confronting the Climate Change*: Avoiding the Unmanageable and Managing the Unavoidable. [s.l.]: UNF/Sigma Xi, 2007. Disponível em: <http://www.sigmaxi.org/programs/unseg/index.shtml>. Acesso em: 11 fev. 2010.

WALSH, Nick Paton. Shrinking lakes of Siberia blamed on global warming. *The Guardian*, London, 10 June 2005.

WANG, Jiaquan. Imported waste makes China world's largest rubbish dump. *World Watch Institute*, 27 Mar. 2007.

WIND, Rebecca. Millions of women at risk of unplanned pregnancy in developing nations are not using contraceptives. *Guttmacher Institute*, 9 July 2007. Disponível em: <http://www.guttmacher.org/media/nr/2007/07/09/index.html>. Acesso em: 27 jan. 2010.

WORLD COMMISSION ON ENVIRONMENT AND DEVELOPMENT (BRUNDTLAND COMMISSION). *Our Common Future (The Brundtland Report)*. Oxford: Oxford University Press, 1987.

Sites

Ambiente Brasil – www.ambientebrasil.com.br (Ambiente Florestal/Programa Nacional de Florestas). Acesso em: 29 jan. 2010.

MEC (Ministério da Educação) – portal.mec.gov.br (Secretaria de Educação Continuada, Alfabetização, Diversidade e Inclusão, Secadi). Acesso em: 27 mar. 2008.

MMA (Ministério do Meio Ambiente) – www.mma.gov.br (Biodiversidade e Florestas/Departamento de Florestas/Programa Nacional de Florestas). Acesso em: 29 jan. 2010.

NASA's Ozone Hole Watch Website – ozonewatch.gsfc.nasa.gov. Acesso em: 3 out. 2011.

Depoimentos ao autor

Aziz Ab'Saber – Geógrafo e professor da USP

Carlos Nobre – Inepe/IPCC

John Feeney – Ambientalista norte-americano

José Goldemberg – Ex-reitor da USP

Mario Mantovani – SOS Mata Atlântica

Sergio Leitão – Diretor de Políticas Públicas do Greenpeace

Outros títulos sobre meio ambiente publicados pela Editora Gaia

40 contribuições pessoais para a sustentabilidade
Genebaldo Freire Dias
Pequeno livro que se insere no embate entre as manifestações de cruel degradação ambiental e a reação da espécie humana para contê-la ou evitá-la, com sugestões para ações pontuais, providenciais e realistas. Os 40 breves tópicos têm o dom de semear uma conscientização individual que estará na base de ações coletivas e eficazes.

A Terra em balanço – ecologia e o espírito humano
Al Gore
Lançado em 1992 nos Estados Unidos, *A Terra em balanço* mostra uma verdade ainda atual: são necessárias grandes mudanças ecológicas para enfrentar o século XXI. Como alerta o autor, é preciso haver um plano político a fim de combater a destruição do planeta, para que seja possível vislumbrar uma esperança no futuro e garantir o bem-estar das gerações atuais e futuras.

Atividades interdisciplinares de Educação Ambiental
Genebaldo Freire Dias
Proposta inovadora, este livro destina-se a professores de todas as disciplinas do primeiro grau, e sugere cinquenta práticas de Educação Ambiental (EA), além de apresentar informações, definições, objetivos, princípios e estratégias de EA. Ilustrada com figuras, fotografias e tabelas, a obra discute o assunto de forma perspicaz e inteligente. *Inclui dois disquetes.*

Dinâmicas e instrumentação para Educação Ambiental
Genebaldo Freire Dias
As 33 dinâmicas e 22 montagens de equipamentos para a prática da Educação Ambiental contidas neste livro promovem um exame crítico do nosso estilo de vida, que resultou no quadro atual de degradação generalizada da qualidade ambiental, e aborda temáticas que, somadas a ética e valores humanos, compõem estratégias fundamentais para o desenvolvimento de sociedades sustentáveis.

Direito ambiental – do global ao local
Angela Barbarulo
A obra retrata as atribuições e competências dos órgãos do Sistema Nacional do Meio Ambiente (Sisnama), constituído de forma inovadora em 1981, visando a proteção e melhoria da qualidade ambiental. É diante dessa nova ordem jurídico-constitucional que o livro analisa, de forma global, as atribuições e competências delegadas aos entes locais para a proteção ambiental.

Ecopercepção – um resumo didático dos desafios socioambientais
Genebaldo Freire Dias
Cada vez mais sabemos que a solução para os graves problemas ambientais que se apresentam depende de cada um de nós. Temos uma grande influência como eleitores e consumidores, e cada pessoa é um educador ambiental. Assim, precisamos adotar a não violência e trabalhar para a paz e solidariedade como metas para a sustentabilidade: eis a mensagem desta obra.

Educação Ambiental – princípios e práticas
Genebaldo Freire Dias
Este livro reúne informações básicas conceituais sobre a Educação Ambiental, faz um histórico de suas atividades pelo mundo, sugere mais de cem atividades para sua prática, fornece subsídios para a ampliação do conhecimento e expõe as diferentes formas legais de ação individual e comunitária que possibilitam um exercício de cidadania, visando melhorar a qualidade de vida.

Educação e gestão ambiental
Genebaldo Freire Dias
Este livro traz um estudo de caso que mostra como o desenvolvimento de um projeto de Educação Ambiental em uma instituição implantou um sistema simplificado de gestão ambiental. Inclui a realização do diagnóstico, a construção da política ambiental da instituição, o desenvolvimento de atividades e a promoção de uma nova cultura de responsabilidade socioambiental, por meio da adoção progressiva de práticas sustentáveis.

Iniciação à temática ambiental – Antropoceno
Genebaldo Freire Dias
A obra é um alerta, um convite para a reflexão e para a necessidade de conscientização. É hora de parar e tentar recuperar o planeta. Fotografias e imagens (belas e chocantes) ilustram este livro que não se limita a apresentar o problema, mas sugere também soluções. O livro configura-se, na verdade, como uma grande mensagem de esperança.

Pegada ecológica e sustentabilidade humana
Genebaldo Freire Dias
A origem dos problemas ambientais globais e as dimensões humanas da crise ambiental servem de base para redimensionar o presente e procurar construir um futuro com mais consciência e responsabilidade. O livro procura estimular e indicar caminhos visando a construção de uma economia que respeite os limites da Terra, para que não cheguemos a ver concretizada uma tragédia evolutiva.

Impresso por :

Graphium
gráfica e editora

Tel.:11 2769-9056